Os Direitos Fundamentais das Pessoas Surdas

Os Direitos Fundamentais das Pessoas Surdas

À luz da norma do artigo 74.º, n.º 2, alínea h) da Constituição da República Portuguesa e da Convenção das Nações Unidas sobre os Direitos das Pessoas com Deficiência

Filipe Venade de Sousa
Jurista

ALMEDINA

OS DIREITOS FUNDAMENTAIS DAS PESSOAS SURDAS
À luz da norma do artigo 74.º, n.º 2, alínea h) da Constituição da República Portuguesa e da Convenção das Nações Unidas sobre os Direitos das Pessoas com Deficiência
AUTOR
Filipe Venade de Sousa
EDITOR
EDIÇÕES ALMEDINA, S.A.
Rua Fernandes Tomás, nºs 76-80
3000-167 Coimbra
Tel.: 239 851 904 · Fax: 239 851 901
www.almedina.net · editora@almedina.net
DESIGN DE CAPA
FBA.
PRÉ-IMPRESSÃO
EDIÇÕES ALMEDINA, S.A.
IMPRESSÃO E ACABAMENTO

Junho, 2014
DEPÓSITO LEGAL

ALMEDINA | GRUPOALMEDINA

BIBLIOTECA NACIONAL DE PORTUGAL – CATALOGAÇÃO NA PUBLICAÇÃO
OS DIREITOS FUNDAMENTAIS DAS PESSOAS SURDAS
À luz da norma do artigo 74.º, n.º 2, alínea h) da Constituição da República Portuguesa e da Convenção das Nações Unidas sobre os direitos das pessoas com deficiência – (Monografias)
SOUSA, Filipe Venade de
ISBN 978-972-40-5680-7
CDU 342

É impossível para aqueles que não conhecem a língua gestual perceberem a sua importância para os surdos, a sua enorme influência sobre a felicidade moral e social dos que são privados da audição e a sua maravilhosa capacidade de levar o pensamento a intelectos que de outra forma ficariam em perpétua escuridão. Enquanto houver dois surdos no mundo e eles se encontrarem, haverá o uso da língua gestual.

J. SCHUYLERHONG

NOTA PRÉVIA

O presente estudo corresponde, no essencial, à dissertação de Mestrado em Direitos Humanos, concluída e defendida no ano de 2012, na Escola de Direito da Universidade do Minho, sob a orientação da Professora Doutora Andreia Sofia Pinto Oliveira, a que agradeço pelo apoio e pelo constante incentivo que sempre deu ao estudo dos direitos das pessoas surdas. A dissertação foi objeto de discussão pública em 3 de fevereiro de 2012 perante um júri constituído pelo Professor Doutor João Rosas, na qualidade de presidente, pela Professora Doutora Andreia Sofia Pinto Oliveira, na qualidade de orientadora, e pelo Mestre António de Araújo, da Faculdade de Direito da Universidade de Lisboa, na qualidade de arguente.

Não posso deixar de mencionar e de agradecer ao Instituto Nacional para a Reabilitação, pelo Prémio de Investigação para as Ciências Sociais e Humanas – Maria Cândida da Cunha 2012, que premiou a dissertação de Mestrado a partir da qual foi adaptado o presente estudo que ora se publica.

A todos que conheço, agradeço o apoio e incentivo neste estudo ao longo do percurso da vida. Dedico este trabalho também a todas as pessoas surdas, como prova de reconhecimento e respeito pelas suas lutas diárias. Com esta simples frase se resume tudo: *ad augusta per angusta* (a glória alcança-se por caminhos estreitos).

PREFÁCIO

1. Solidariedade significa socialidade em duas aceções: como inserção necessária das pessoas na sociedade a que pertencem ou em que se encontram situadas, em interdependência e com os inerentes direitos e deveres; ou como dinâmica ativa da sociedade e do poder nela instituída ao serviço da realização plena dos seus membros.

No primeiro sentido, qualquer sociedade pressupõe sempre solidariedade. No segundo, apenas se considera sociedade solidária aquela que procura assegurar, a todos os que a constituem, igualdade de oportunidades e qualidade de vida.

No primeiro sentido, tudo depende das características específicas de cada sociedade e dos condicionalismos que atravessa ao longo dos tempos. No segundo sentido, está-lhe subjacente uma ideia de Direito indissociável da ideia de Estado social e da cooperação entre todos os Estados para o bem e o progresso da humanidade.

No primeiro sentido, a solidariedade passa pela segurança pública, sem a qual as pessoas não podem organizar as suas vidas em liberdade, tranquilidade e ordem. No segundo sentido, exige serviços e prestações sociais, em particular uma segurança social capaz de proporcionar, aos mais carentes, vidas compatíveis com a sua dignidade como pessoas.

2. Justamente, a nossa Constituição, no art. 1.º, declara a dignidade da pessoa humana, primeiro fundamento da República.

E ao mesmo tempo – porque só a solidariedade garante a dignidade de todas as pessoas e em todas as circunstâncias da existência – refere-se expressamente a solidariedade:

– No preâmbulo, ao propor o objetivo de "construção de um país mais livre, mais justo e mais fraterno", e no art. 1.º, ao declarar a República "empenhada na construção de uma sociedade livre, justa e solidária";
– No art. 63.º, n.º 5, atribuindo ao Estado apoiar e fiscalizar, nos termos da lei, a atividade e o funcionamento das instituições particulares de solidariedade social;
– No art. 66.º, n.º 2, alínea d), incumbindo o Estado de promover o aproveitamento racional dos recursos naturais, salvaguardando a sua capacidade de renovação e a estabilidade ecológica, com respeito pelo princípio da *solidariedade entre gerações*;
– No art. 71.º, n.º 2, ao declarar o dever de respeito e solidariedade da sociedade para com as pessoas portadoras de deficiência;
– No art. 73.º, n.º 2, ao estabelecer que a educação deve contribuir para "o desenvolvimento da personalidade e do espírito de tolerância, de compreensão mútua, de *solidariedade* e de responsabilidade".

E, noutro plano:

– No art. 225.º, n.º 2, ao considerar fins da autonomia das regiões dos Açores e da Madeira tanto o desenvolvimento económico-social e a promoção e defesa dos interesses regionais como o reforço da solidariedade nacional e dos laços de *solidariedade* entre todos os portugueses.

Poderiam também ser citados preceitos análogos de várias outras Constituições atuais.

A *socialidade*[1] é o outro nome da solidariedade.

3. Mas, para o Estado social de Direito, a liberdade *possível* – e, portanto, *necessária* – do presente não pode ser sacrificada em troca de quaisquer metas, por justas que sejam, a alcançar no futuro. Há que criar *condições de liberdade* – de liberdade *de facto*, e não só *jurídica*; mas a sua criação e a sua difusão somente têm sentido em *regime de liberdade*[2].

[1] Expressão cunhada por alguns autores: em Portugal, J. J. GOMES CANOTILHO, *Direito Constitucional e Teoria da Constituição*, 7.ª ed., Coimbra, 2004, pág. 335; JORGE REIS NOVAIS, *Os Princípios Constitucionais Estruturantes da República Portuguesa*, Coimbra, pág. 291 e segs.; LUÍS PEREIRA COUTINHO, *A Autoridade Moral da Constituição*, Coimbra, 2009, pág. 584.

[2] Cf., por exemplo, JOHN RAWLS, *A Theory of Justice*, 1971, trad. port. *Uma Teoria de Justiça*, Brasília, 1981, págs. 159 e segs., *maxime* 232-233.

Como escreve um autor, na sociedade supercomplexa de hoje, o Direito só poderá exercer satisfatoriamente a sua função de congruente generalização de expectativas normativas enquanto forem institucionalizados constitucionalmente os princípios da inclusão e da diferenciação funcional e, por conseguinte, os direitos fundamentais sociais e os concernentes à liberdade política[3].

4. A Constituição contém um vasto catálogo de direitos sociais, em que assume um especial relevo o tratamento da educação escolar e extraescolar, sem prejuízo da prioridade dos pais [arts. 36.º, n.º 5, 67.º, n.º 2, alínea c), 68.º, n.º 1 e 72.º, n.º 2].

O Estado promove a democratização da educação e as demais condições para que a educação, realizada através da escola e de outros meios formativos, contribua para a igualdade de oportunidades, a superação das desigualdades económicas, sociais e culturais, o desenvolvimento da personalidade e do espírito de tolerância, de compreensão mútua, de solidariedade e de responsabilidade, para o progresso social e para a participação democrática na vida coletiva (art. 73.º, n.º 2).

É neste contexto que lhe incumbe proteger e valorizar a língua gestual portuguesa, enquanto expressão cultural e instrumento de acesso à educação e de igualdade de oportunidades [art. 74.º, n.º 2, alínea h), aditada aquando da revisão constitucional de 1997][4].

A nível internacional, a Convenção das Nações Unidas sobre os Direitos das Pessoas com Deficiência, de 2006, e ratificada por Portugal em 2009[5], estabelece que os Estados Partes tomarão todas as medidas adequadas para garantir que as pessoas com deficiência possam exercer a liberdade de expressão e de opinião, compreendendo a liberdade para

[3] Marcelo Neves, *A Constitucionalização Simbólica*, 2.ª ed., São Paulo, 2007, pág. 78.

[4] Sob proposta de um conjunto de deputados do Partido Socialista e do Partido Social-Democrata. *Vide Diário da Assembleia da República*, VII legislatura, 2.ª sessão legislativa (1996-1997), II série – RC, n.º 93, sessão de 20 de maio de 1997, págs. 2689-2690. Como disse na altura o deputado Carlos Coelho (pág. 2690), esta proposta é uma prova viva de igualdade de oportunidades. Ou, como referem J.J. Gomes Canotilho e Vital Moreira (*Constituição da República Portuguesa Anotada*, I, 4.ª ed., Coimbra, 2010, pág. 900), a desigualdade inicial dos cidadãos portadores de deficiência exige adequadas medidas compensatórias, nelas se incluindo a proteção e valorização da língua gestual portuguesa.

[5] Depois de aprovada pela Resolução da Assembleia da República n.º 52/2009, de 7 de maio.

procurar, receber e expedir informações e ideias em condições de igualdade com as demais e através de todas as formas de comunicação da sua escolha, nomeadamente reconhecendo e promovendo a utilização de língua gestual [art. 21.º, alínea e)].

5. O livro do Dr. Filipe Venade de Sousa, *Os Direitos Fundamentais das Pessoas Surdas*, vem colmatar uma grave lacuna da bibliografia jurídica de língua portuguesa.

Não se esgotando, naturalmente, na análise das normas acabadas de transcrever da Constituição portuguesa e da Convenção das Nações Unidas sobre os Direitos das Pessoas com Deficiência, procura trazer um tratamento global e sistemático da situação das pessoas surdas e dos seus direitos fundamentais.

Para empregar a expressão que tenho adotado[6], estamos aqui diante de direitos fundamentais particulares, direitos de uma categoria de pessoas ao lado de direitos de outras categorias de pessoas como são também os direitos constitucionais dos cônjuges (art. 36.º, n.º 3), dos pais e dos filhos (art. 36.º, n.ºs 4, 5 e 6), os direitos dos pais e das mães, das crianças, dos jovens e, em geral, das pessoas com deficiência (arts. 68.º a 71.º), direitos para integrar, para pôr em relação, para assumir um lugar dentro da comunidade.

O capítulo I, e bem, tem caráter geral, com um tríplice enfoque histórico, sociológico e jurídico. O capítulo II versa sobre os direitos linguísticos e culturais em face dos arts. 21.º, 24.º e 30.º da Convenção das Nações Unidas. O capítulo III ocupa-se desses direitos no âmbito da Constituição, em dupla dimensão, subjetiva e objetiva, e tendo em conta os grandes princípios de igualdade e de eficácia jurídica dos direitos fundamentais.

Não é uma obra que interesse apenas a quem se queira consagrar à situação das pessoas surdas. É uma obra que merece ser lida por quem quiser revisitar a própria dogmática dos direitos fundamentais.

JORGE MIRANDA*

[6] *Manual de Direito Constitucional*, IV, 5.ª ed., Coimbra, 2012, págs. 121 e segs.
* Professor da Universidade de Lisboa e da Universidade Católica Portuguesa.

ABREVIATURAS

art. – artigo (leis e similares)
BOE – *Boletín Oficial del Estado*
cap. – capítulo
CDC – Convenção sobre os Direitos das Crianças
CDESC – Comité dos Direitos Económicos, Sociais e Culturais das Nações Unidas
CDFUE – Carta dos Direitos Fundamentais da União Europeia
CDPD – Convenção da ONU sobre os Direitos das Pessoas com Deficiência
CELRM – Carta Europeia sobre Línguas Regionais e Minoritárias
CDH – Conselho dos Direitos Humanos das Nações Unidas
CeDH – Comité dos Direitos Humanos das Nações Unidas
CES – Conselho Económico e Social das Nações Unidas
cf. – ver também (ou referir-se a)
cit. por – citação do autor
CMPMN – Convenção-Quadro sobre Minorias Nacionais
CPPDEC – Convenção sobre a Proteção e a Promoção da Diversidade das Expressões Culturais
CRP – Constituição da República Portuguesa
CSPCI – Convenção para a Salvaguarda do Património Cultural Imaterial
DDC – Declaração de Friburgo sobre Direitos Culturais
DDPpMNERL – Declaração sobre Direitos das Pessoas Pertencentes a Minorias Nacionais ou Étnicas, Religiosas ou Linguísticas
DR – *Diário da República*

DUDL – Declaração Universal dos Direitos Linguísticos
DUDC – Declaração Universal sobre a Diversidade Cultural
DUDH – Declaração Universal dos Direitos do Homem
ibidem – mesmo lugar
idem – mesmo autor
INR – Instituto Nacional para a Reabilitação
LBPC – Lei de Bases do Património Cultural
LBPHR – Lei de Bases sobre o Regime Jurídico da Prevenção, Habilitação, Reabilitação e Participação da Pessoa com Deficiência
LGP – língua gestual portuguesa
ME – Ministério da Educação
ONU – Organização das Nações Unidas
Op. cit. – obra já citada anteriormente
p. – página (plural pp.)
para. – parágrafo
PDCP – Pacto Internacional sobre Direitos Civis e Políticos
PIDESC – Pacto Internacional sobre Direitos Económicos, Sociais e Culturais
SEAR – Secretário de Estado Adjunto da Reabilitação
STCE – Sentencia del Tribunal Constitucional de España
UNESCO – Organização das Nações Unidas para a Educação, Ciência e Cultura
vide – ver

RESUMO

Um tema que atualmente assume grande importância é o facto de a Convenção da ONU sobre os Direitos das Pessoas com Deficiência ter sido ratificada em Portugal, revelando a importância do desenvolvimento dos direitos humanos neste âmbito. Efetivamente, os direitos das pessoas surdas são uma questão de direitos humanos, uma vez que aquelas pessoas são tratadas como seres titulares de direitos reconhecidos e assegurados pela dita Convenção. E podemos ainda considerar que as pessoas surdas são vistas como membros de uma minoria linguística, com características próprias. Os direitos das pessoas surdas são vistos à luz da dupla dimensão da proteção, de forma complementar, entre os direitos das minorias e os direitos das pessoas com deficiência, de acordo com a Convenção, facto que constitui o ponto de partida desta investigação. Esta perspetiva de minoria e pessoa com deficiência não comporta termos incompatíveis. Pelo contrário, os elementos estão interligados e são interdependentes. Trata-se de uma perspetiva própria dos direitos humanos, especificamente relacionada com os casos das pessoas surdas. De facto, a Convenção é o primeiro tratado internacional que menciona claramente os direitos das pessoas surdas como direitos específicos, atendendo à existência de uma língua própria e uma identidade cultural e linguística. Em Portugal, a nossa Constituição reconhece, através do artigo 74.º, n.º 2, alínea h), a língua gestual portuguesa como língua oficial, enquanto expressão cultural da comunidade surda, na qual as pessoas surdas se inserem e se constituem, de facto, como uma minoria linguística.

Palavras-chave: pessoa surda; direitos humanos; direitos linguísticos e culturais; minoria linguística

ABSTRACT

A topic that is currently of great importance is the fact that the UN Convention on the Rights of People with Disabilities was ratified in Portugal and emphasizes the importance of developing human rights issues in this particular area. The rights of deaf people are indeed a matter of human rights, as those people are treated as human rights holders, of all rights recognized and guaranteed by that same Convention. Deaf people can also be considered as members of a linguistic minority with its own characteristics. The rights of deaf people have two dimensions of protection, one complementing the other: they can be perceived as minority rights or rights of people with disabilities according to the UN Convention, the stepping-stone for this research. The concepts of minority and disabled person are not incompatible; on the contrary, they are interconnected and interdependent. It is a new perspective in the human rights area related specifically to deaf people. Finally, the Convention is the first international treaty that mentions the rights of deaf people, their specific duties, particularly related to the fact that they have their own language and a cultural and linguistic identity. In Portugal, our Constitution recognizes, through the article 74, paragraph 2, h), the Portuguese sign language as an official language, as well as a cultural expression of the deaf community, where deaf operate and are constituted as a linguistic minority.

Keywords: deaf; human rights; cultural and linguistic rights; linguistic minority

INTRODUÇÃO

É muito raro desenvolver a temática específica dos direitos das pessoas surdas em Portugal. Em pleno século XXI, esta temática é imprescindível para o avanço da cidadania inclusiva através de uma cultura de conhecimento com base na compreensão dos direitos. Por outras palavras, o presente trabalho tem como objetivo a compreensão do estatuto *jusfundamental* dos direitos das pessoas surdas no ordenamento jurídico-constitucional e convencional, tendo a Convenção da ONU sobre os Direitos das Pessoas com Deficiência como ponto de partida, pois esta revelou-se um instrumento necessário para colmatar as lacunas existentes em termos do conhecimento jurídico sobre as pessoas surdas no âmbito dos direitos fundamentais e seus aspetos jurídicos.

Assim, o tema principal deste estudo será os *direitos das pessoas surdas no âmbito nacional e internacional*, pretendendo contribuir para uma análise reflexiva sobre o tratamento jurídico dos direitos das pessoas surdas à luz da referida Convenção e da nossa Constituição, em especial nos termos do artigo 74.º, n.º 2, alínea h).

Com a realização deste estudo, pretendemos contribuir para uma abordagem jurídica específica sobre os direitos das pessoas surdas. Esta temática motivou-nos algumas reflexões pessoais relativas à surdez, e a nossa experiência pessoal foi a tela inspiradora de uma perspetiva mais adequada e compreensiva acerca destas pessoas, ditando a abordagem deste estudo.

No primeiro capítulo, apresenta-se um enquadramento introdutório com os seguintes objetivos: compreender os conceitos de pessoa com deficiência, de pessoa surda e de língua gestual; compreender as breves referências históricas e sociais da comunidade surda no que respeita à sua evolução social e cultural; estudar a relação entre as perspetivas *clínico-terapêutica* e *socioantropológica* e o conceito de pessoa surda e sua aplicação no momento atual. Este capítulo pretende analisar se o conceito de pessoa com deficiência é adequado ao quadro jurídico atual e se a pessoa surda se enquadra no conceito de pessoa com deficiência.

O segundo capítulo terá por objetivo compreender e analisar a CDPD, nomeadamente o reconhecimento dos direitos das pessoas surdas à luz da CDPD e contribuir para a reflexão sobre a presença da comunidade surda no universo jurídico, procurando, nestes termos, a afirmação enquanto minoria linguística. Por fim, serão analisadas as características essenciais de configuração jurídica dos direitos das pessoas surdas no âmbito dos direitos linguísticos e culturais. E serão analisados, em particular, os direitos linguísticos enquanto estatuto da cooficialidade da língua minoritária e suas consequências jurídicas.

No terceiro capítulo, estuda-se especificamente o estatuto jurídico-constitucional das pessoas surdas, tendo como objetivo fundamentar o reconhecimento dos direitos das pessoas surdas; estudar e contribuir para o aprofundamento jurídico sobre os direitos fundamentais das pessoas surdas reconhecidos pela nossa Constituição; estudar a natureza e o conteúdo dos direitos fundamentais e suas características na dupla dimensão subjetiva e objetiva dos direitos das pessoas surdas.

Capítulo I

A pessoa surda enquanto sujeito de direitos à luz da perspetiva dos direitos humanos

SECÇÃO I – Breve evolução histórica das pessoas surdas

> *Pois na língua de um povo [...] reside toda a esfera de pensamento, sua tradição, história, religião e base da vida, todo o seu coração e sua alma. Isso vale especialmente para a língua de sinais, porque ela é a voz – não só biológica mas cultural, e impossível de silenciar – dos surdos.*[7]
>
> OLIVER SACKS

1. Na Antiguidade: a época da ignorância

De acordo com SANCHEZ, é possível encontrar uma fonte antiga sobre as pessoas surdas, especialmente nas Escrituras bíblicas, que consideravam as pessoas surdas como *Kophoi*[8] – eram filhos de Deus e sob a proteção do divino.

Cito algumas passagens:

> Moisés disse ao Senhor: Ah, Senhor! Eu não tenho o dom da palavra, nunca o tive, nem mesmo depois que falaste ao vosso servo; tenho a boca e a língua pesadas. O Senhor lhe disse: Quem deu uma boca ao homem? Quem o fez

[7] SACKS, Oliver – *Vendo Vozes: Uma Jornada pelo Mundo dos Surdos*, 1990.

[8] SANCHES, Carlos M. – *La increíble y triste história de la sordera*, 1990; cf. também STROBEL, Karin Lilian – *Surdos: vestígios culturais não registados na história*, 2008, pp. 81-82.

> mudo ou surdo, o que vê ou o cego? Não sou eu o Senhor? Vai, pois, e eu serei na tua boca e te ensinarei o que hás de falar. (*Êxodo*, 4: 10-12)

> E trouxeram-lhe um surdo, que falava dificilmente: e rogaram-lhe que pusesse a mão sobre ele. E tirando-o à parte de entre multidão, meteu-lhe os dedos nos ouvidos; e, cuspindo, tocou-lhe na língua. E levantando os olhos ao céu, suspirou, e disse: Efatá; isto é, Abre-te. E logo se abriram os seus ouvidos, e a prisão da língua se desfez, e falava perfeitamente. E ordenou-lhes que a ninguém o dissessem; mas, quanto mais lho proibia, tanto mais o divulgavam. E admirando-se sobremaneira, diziam: Tudo faz bem: faz ouvir os surdos e falar os mudos. (*Marcos*, 7: 31-37)

E, na bíblica hebraica (Talmude), pode ler-se: "Não equiparem o surdo e o mudo à categoria dos idiotas e dos indivíduos sem responsabilidade moral, porque eles podem ser instruídos e feitos inteligentes."[9]

Na Grécia Antiga, as pessoas surdas eram, frequentemente, consideradas "anormais" e excluídas da sociedade da época. Não havia direitos. Segundo o filósofo Aristóteles, em 355 a.C., acreditava-se que a audição era a característica fundamental para o desenvolvimento cognitivo da linguagem, e porque o pensamento era o eixo do desenvolvimento, o autor alegava que as pessoas surdas eram consideradas seres desprovidos de pensamento, porque não desenvolviam linguagem, relacionando falta de fala e audição[10]. Portanto, as pessoas surdas eram incapazes, inúteis socialmente e amaldiçoadas pelos deuses. Consequentemente, como diz Strobel,

> esta afirmação negativa influenciou a crença de que os sujeitos surdos eram ineducáveis, incapazes e estúpidos e com isto eles foram privados de educação e isolados da sociedade por quase dois mil anos.[11]

[9] cit. por Perelló, Jorge e Tortosa, Francisco – *Surdomudez*, 1968, p. 3; *vide* Strobel, Karin Lilian – *op. cit.*, pp. 81- 82.

[10] Strobel, Karin Lilian – *Surdos...* p. 82; Carvalho, Paulo Vaz de – *Breve História dos Surdos – no Mundo e em Portugal*, 2007, p. 10.

[11] Strobel, Karin Lilian – *Op. cit.*, p. 82.

Contrariamente, segundo o filósofo SÓCRATES, considerava-se aceitável que as pessoas surdas usassem os gestos para comunicarem e expressarem-se. Segundo SACKS,

> se não tivéssemos voz nem língua, mas apesar disso desejássemos manifestar coisas uns para os outros não deveríamos, como as pessoas que são mudas, nos empenhar em indicar o significado pelas mãos, cabeça e outras partes do corpo?[12]

Na Roma Antiga sucedia o mesmo que na Grécia Antiga. No entanto, pela primeira vez, já no império bizantino, avançava um estatuto estritamente jurídico, chamado *Corpus Iuris Civilis*, concebido em especial para o regime dos testemunhos e dos contratos, conhecido como Código Justiniano e criado pelo imperador romano Justiniano, em 529 d.C. Este código distinguia cinco categorias (surdo e mudo *a natura*; surdo e mudo *per accidens*; surdo *a natura*; surdo, mas não mudo, *per accidens*; mudo, tanto *a natura* como *per accidens*) para definir a pessoa surda como capaz ou não de exercer os seus direitos na sociedade romana.

Assim, citando STORCH GRACIA Y ASENSIO[13], ao surdo por nascimento ou por acidente, eram-lhe atribuídas as faculdades jurídicas para negócios jurídicos, nomeadamente o testamento, contrato ou outros atos jurídicos essencialmente verbais. Para exercer as suas faculdades, teria de ser capaz de desenvolver o raciocínio, a leitura e a escrita; logo, devia existir um método de instrução individual de aquisição da língua falada para suprir as dificuldades comunicativas. Já para o surdo e mudo por acidente ou por nascimento, era proibido por lei o exercício das faculdades jurídicas devido à falta da referida capacidade de compreensão, ficando o indivíduo sujeito a tutela.

Ao contrário da repressão "antissurdo" na Grécia e Roma Antigas, no Egito Antigo acreditavam religiosamente que as pessoas surdas eram especiais, seres privilegiados enviados pelo seu deus; os egípcios acreditavam que as pessoas surdas, além de não falarem, tinham um contacto direto com o seu deus, transmitindo as suas mensagens aos outros. Como

[12] SACKS, Oliver – *Op. cit.*, p. 31; *vide* CARVALHO Paulo Vaz de – *Op. cit.*, p. 10.

[13] STORCH DE GRACIA Y ASENSIO, J. G. – *Estatuto jurídico de las lenguas de señas en el Derecho español (Aproximaciones)*, 2005, p. 269; *vide* CARVALHO, Paulo Vaz de – *Op. cit.*, pp. 11-12.

disse Strobel, eram uma espécie de mediação espiritual, ou seja, as pessoas surdas eram vistas como intermediárias entre deus e o povo[14].

2. Na Idade Média: a época da clandestinidade

Nesta época, a Igreja Católica acreditava profundamente que as pessoas surdas não mereciam ser ajudadas e apoiadas e que não valia a pena investir na sua educação, pois não teriam qualquer espécie de salvação, algo que só seria possível através de curas milagrosas. Citando Strobel:

> Na Idade Média, a Igreja Cristã acreditava na inferioridade dos surdos, pois, uma vez que os sujeitos surdos não falavam, não entenderiam os códigos e dogmas religiosos e não podiam confessar seus pecados. Sendo assim, não poderiam ter a *chance* da "salvação", persistindo a ideia de que os surdos eram destituídos da condição de educação. Eram como imbecis e suas curas continuavam com a ligação às interferências milagrosas.[15]

Optei por batizar a minha perspetiva de "época da clandestinidade" porque alguns mosteiros e alguns autores, como, por exemplo, Girolano Cardano, Pedro Ponce de León e Juan Pablo Bonet, entre outros, defendiam que os surdos tinham a mesma capacidade que os restantes, mas que precisavam de uma adaptação – uma visão contrária à orientação geral da Igreja Católica da sua época.

Um exemplo claro em Espanha é o do monge Pedro Ponce de León (1520-1584), que, segundo fontes históricas, ensinava Latim, Grego, Física e Astronomia a dois irmãos surdos, Francisco e Pedro Velasco, oriundos da nobreza espanhola. O mestre possuía uma metodologia própria para ensinar o alfabeto manual àqueles surdos, o que constituiu motivo de sucesso[16]. Citando um exemplo:

> Devido à fama alcançada e aos seus ensinamentos estarem voltados a filhos de nobres, Pedro de León conquistou prestígio nessa classe social. À época, apenas os surdos filhos de nobres buscavam educação (principalmente o desenvolvimento da fala), pois, sem esta, não tinham direito à herança e aos

[14] Strobel, Karin Lilian – *Op. cit.*, p. 82; cf. também Carvalho, Paulo Vaz de – *Op. cit.*, p. 8.
[15] Strobel, Karin Lilian – *Op. cit.*, p. 83.
[16] *Vide* Carvalho, Paulo Vaz de – *Op. cit.*, p. 19.

títulos de família. Esse facto proporcionou-lhe uma considerável vantagem pecuniária que, somada aos empréstimos que realizava sobre pequenas propriedades, contribuiu para o enriquecimento de sua Ordem.[17]

3. Na Idade Moderna: a época do descobrimento

A partir do século XV, viveu-se uma época de "descobrimento" para as pessoas surdas, um pouco à semelhança dos Descobrimentos portugueses. Um exemplo famoso e conhecido é o do ABADE DE L'ÉPÉE (1712-1789), que encontrou um dia duas irmãs surdas a comunicarem gestualmente entre si e, movido pela curiosidade, procurou conhecer e ajudar outros surdos a aprenderem a língua gestual[18]. Afirma STROBEL:

> Esse período, que agora parece uma espécie de época áurea na história dos surdos, testemunhou a rápida criação de escolas para surdos em todo o mundo civilizado; a saída dos surdos da negligência e da obscuridade; sua emancipação e cidadania; a rápida conquista de posições de eminência e responsabilidade – escritores, engenheiros, filósofos e intelectuais surdos, antes inconciliáveis, tornaram-se subitamente possíveis.[19]

4. Na Idade Contemporânea: a época da repressão e da depressão

No dia 11 de setembro de 1880, deu-se início a uma época obscura na História, devido ao Congresso de Milão sobre a educação dos surdos, em que se advogava uma filosofia de *oralismo*, ou seja, defendia-se o método da oralização e abolição da língua gestual. Entre os seus defensores conta-se, por exemplo, ALEXANDER BELL (1874-1922). Contra esta posição surgiam os defensores das pessoas surdas consideradas capazes de se expressarem em língua gestual, como THOMAS GALLAUDET (1787-1851), LAURENT CLERC (1785-1869), entre outros.

WIDELL descreve o momento, marcante para as pessoas surdas daquela época:

[17] LODI, Ana Cláudia Balieiro – *Plurilinguismo e surdez: uma leitura bakhtiniana da história da educação dos surdos,* 2005, e STROBEL, Karin Lilian – *Op. cit.*, p. 85.

[18] *Vide* CARVALHO, Paulo Vaz de – *Op. cit.*, pp. 24-25, e STROBEL, Karin Lilian – *Op. cit.*, p. 86.

[19] STROBEL, Karin Lilian – *Op. cit.*, p. 84.

> [...] ficou decidido no Congresso Internacional de Professores surdos, em Milão, que o método oral deveria receber o *status* de ser o único método de treinamento adequado para pessoas surdas. Ao mesmo tempo, o método de sinais foi rejeitado, porque alegava que ele destruía a capacidade de fala das crianças. O argumento para isso era que 'todos sabem que as crianças são preguiçosas', e por isso, sempre que possível, elas mudariam do difícil oral para a língua de sinais.[20]

Resumidamente, resultaram oito resoluções aprovadas pela maioria das pessoas defensoras do oralismo, que proclamavam principalmente a defesa da língua falada para todas as pessoas surdas, obrigando-as a submeter-se ao processo de oralização e abolindo a língua gestual. Este dia ficará para sempre marcado como um dia de obscuridade, tal como o 11 de Setembro de 2001. Citando RÉE:

> [...] essa data ainda é lembrada como a mais sinistra da sua história: como se fosse mesmo o '11 de Setembro' deles, quando desabaram as torres gémeas da cultura e da língua de sinais, a do método misto e a do método manualista para educação dos surdos. Ali começou uma longa e amarga batalha para defender o direito de vida da língua de sinais.[21]

5. Atualidade: a época da (re)conquista

Ao longo do tempo, as pessoas surdas foram sofrendo a discriminação e a exclusão da sociedade. No século XX, proporcionou-se uma mudança do paradigma sobre as pessoas surdas, agora vistas como uma questão de direitos humanos, lutando e reivindicando direitos iguais e dignidade na sociedade. Em 2006, um tema que assume grande importância é a ratificação da CDPD em Portugal[22], um grande passo para as pessoas surdas. Foi adotada na Assembleia Geral das Nações Unidas em Nova Iorque, no dia 13 de dezembro de 2006. Como afirmou INR,

[20] WIDELL, Joanna – *As fases históricas da cultura surda*, 1992, p. 26.

[21] RÉE, Jonathan – *Os deficientes auditivos são uma nação à parte?*, 2005, p. 2.

[22] Resolução da Assembleia da República n.º 56/2009. DR I Série. 146, (2009-07-30) 4906-4926; Decreto do Presidente da República n.º 71/2009. DR I Série. 146, (2009-07-30). 4875.

> [...] constitui um marco histórico na garantia e promoção dos direitos humanos de todos os cidadãos e em particular das pessoas com deficiência. A adoção de uma Convenção que garanta especificamente os direitos das pessoas com deficiência resultou do consenso generalizado da comunidade internacional sobre a necessidade de garantir efetivamente o respeito pela integridade, dignidade e liberdade individual destes cidadãos e de reforçar a proibição da discriminação destes cidadãos através de leis, políticas e programas que atendam especificamente às suas características e promovam a sua participação na sociedade. [...] são definidas as obrigações gerais dos Estados-Parte relativas à integração das várias dimensões da deficiência nas suas políticas, leis e programas de ação e à promoção do desenho universal dos bens, serviços e equipamentos. É também sublinhada a obrigação dos Governos consultarem e envolverem ativamente as pessoas com deficiência e as associações que os representam na conceção e execução das medidas de implementação da Convenção [...].[23]

A CDPD é o primeiro tratado internacional que reconhece e protege os direitos das pessoas surdas, principalmente o direito ao uso da própria língua. A CDPD afirma, clara e definitivamente, que os Estados devem reconhecer, respeitar e promover a identidade cultural e linguística da comunidade surda, em que as pessoas surdas se inserem e se constituem, de facto, como uma minoria linguística, assim como o direito ao uso da língua gestual, promovendo o direito da pessoa surda a receber uma educação através da sua própria língua.

Antes da ratificação da CDPD, já em 1997, as pessoas surdas tinham conquistado extraordinariamente o reconhecimento dos seus direitos, em particular, o direito à língua para se expressarem e comunicarem em qualquer local, graças ao artigo 74.º, n.º 2, alínea h), da Constituição da República Portuguesa, que declara: "proteger e valorizar a língua gestual portuguesa, enquanto expressão cultural e instrumento de acesso à educação e da igualdade de oportunidades."

Em 2010, o ICED (*International Congress on Education for the Deaf*), em Vancouver, consagra um novo princípio de modernidade para o século XXI e para as pessoas surdas, denominando-se "Uma Nova Era: Participa-

[23] cit. por INR [Consult. 10 out. 2010]. Disponível em http://www.inr.pt/content/1/1187/convencao-sobre-os-direitos-das-pessoas-com-deficiencia

ção e Colaboração com os surdos", reconhecendo, finalmente, a filosofia do Congresso de Milão de 1880 como repressiva e discriminatória para as pessoas surdas (visão vigente até meados do século XX)[24]. Assim, o ICED rejeita definitivamente todas as resoluções do Congresso de Milão.

> Rejeitamos todas as resoluções aprovadas pelo Congresso ICED de Milão em 1880, que negou a inclusão das línguas gestuais nos programas educacionais para alunos surdos; reconhecemos e lamentamos sinceramente os efeitos prejudiciais da conferência de Milão; apelamos a todas as Nações do mundo que recordem a história e assegurem que os programas educacionais aceitem e respeitem todas as línguas e todas as formas de comunicação.[25]

Com uma nova filosofia para as pessoas surdas, o ICED proclama a declaração de princípios "Nova Era"[26], que consiste em apelar para todas as instituições, governamentais ou não governamentais, no sentido de considerarem as pessoas surdas uma questão essencial de direitos humanos.

> [...] Ratifiquem e adiram aos Princípios das Nações Unidas, em especial os definidos na Convenção dos Direitos das Pessoas com Deficiência, que declaram que a educação se realiza com ênfase na aquisição da linguagem e no conhecimento académico, prático e social [...] Promovam e apoiem o acesso igual e apropriado à educação multilingue/multicultural [...] Incluam as línguas gestuais dos seus cidadãos surdos como línguas legítimas dessas Nações e que as tratem de igual modo às da maioria ouvinte [...] Facilitem, promovam e fomentem a participação dos seus cidadãos surdos em todo o processo governamental de tomada de decisões que afetem todos os aspetos das suas vidas [...] Envolvam os seus cidadãos surdos no apoio aos pais de bebés, crianças e jovens surdos para a aceitação da cultura surda e das línguas gestuais [...] Apoiem uma abordagem dos programas educacionais centrados na criança e uma abordagem centrada na família em todos os serviços de apoio aos seus membros surdos e ouvintes [...] Referenciem todos os bebés surdos identificados às organizações de surdos regionais e nacionais, escolas

[24] *Vide* Martins, Mariana – *Vancouver 2010*, 2010, p. 10.
[25] *Vide* Martins, Mariana – *Op. cit.*, p. 10.
[26] *Vide* Martins, Mariana – *Op. cit.*, p. 10.

> e programas para surdos para apoio na intervenção precoce [...] Façam todos os esforços para assegurar que os seus cidadãos surdos possuam informação sobre os seus direitos humanos [...] Reconheçam e permitam que todos os cidadãos surdos sejam orgulhosos, confiantes, produtivos, criativos e cidadãos ativos nos seus respetivos países.

Atualmente, infelizmente, a realidade é bastante diferente, sobretudo pelos obstáculos discriminatórios em geral, ou pelas barreiras colocadas pelas atitudes da sociedade, em particular, que limitam o desfrute pleno dos direitos. Por esta razão, torna-se mais difícil para as pessoas surdas a sua plena participação na vida social em que estão inseridas.

SECÇÃO II – Os conceitos de pessoa surda e de pessoa com deficiência

1. O conceito jurídico-constitucional de pessoa com deficiência

Do ponto de vista jurídico, a nossa Constituição tem uma tutela especial para a proteção, promoção e integração das pessoas com deficiência na sociedade, prevista no art. 71.º, que declara:

> 1. Os cidadãos portadores de deficiência física ou mental gozam plenamente dos direitos e estão sujeitos aos deveres consignados na Constituição, com ressalva do exercício ou do cumprimento daqueles para os quais se encontrem incapacitados;
> 2. O Estado obriga-se a realizar uma política nacional de prevenção e de tratamento, reabilitação e integração dos cidadãos portadores de deficiência e de apoio às suas famílias, a desenvolver uma pedagogia que sensibilize a sociedade quanto aos deveres de respeito e solidariedade para com eles e a assumir o encargo da efetiva realização dos seus direitos, sem prejuízo dos direitos e deveres dos pais ou tutores;
> 3. O Estado apoia as organizações de cidadãos portadores de deficiência.

Para começar, segundo António de Araújo, numa perspetiva jurídico-constitucional, sublinha-se a pessoa com deficiência como conceito aberto. Cito: "[...] a deficiência não é uma característica essencial ou definitória da pessoa humana na singularidade do seu devir. Por isso, não é possível tratar os cidadãos portadores de deficiência como um homogéneo, suscetível de ser unificado (ou caracterizado) por aquela qualidade [...]."[27]

Assim, a noção de *pessoa com deficiência* é vista como conceito em evolução, tomando sempre em consideração os momentos históricos, para que assuma um sentido mais amplo. Citando António de Araújo:

> [...] que carece de ser concretizado, em cada momento histórico, pela lei e pelos tribunais – não é homogéneo, cobrindo situações muito diversas e plurais. Aliás, numa interpretação teleológica, o conceito constitucional de deficiência pode, sem dificuldade, abranger, além das deficiências *stricto sensu*, situações de incapacidade e de desvantagem (*handicaps*). Por outro lado, com a superação, ao menos tendencial, da visão médica da deficiência, a tendência, nos nossos dias, vai no sentido do reconhecimento de que a deficiência, à semelhança da normalidade, é também socialmente construída. Daí que não esteja excluído que se possa qualificar como deficiente aquele que, não padecendo de qualquer enfermidade, seja visto ou encarado como tal.[28]

Para compreendermos o conceito de pessoa com deficiência (e de pessoa surda), devemos relacionar os momentos históricos desde a Antiguidade até à atualidade, considerando dois modelos históricos para explicar os fundamentos conceptuais sobre a pessoa com deficiência, a saber: *reabilitador* e *social*[29].

2. Os modelos de deficiência

O referido *modelo reabilitador*, conhecido também como tese *clínico-terapêutica*, foi defendido pelo menos até ao século XX. Citamos as palavras de De Asís Roig para a definição da pessoa com deficiência, de acordo com esta tese:

[27] Araújo, António de – *Cidadãos portadores de deficiência – O seu lugar na Constituição da República*, 2001, p. 117.

[28] Araújo, António de – *Op. cit.*, p. 120 e ss.; Miranda, Jorge e Medeiros, Rui – *Constituição Portuguesa Anotada – Tomo I*, 2010, p. 1393.

[29] A propósito dos modelos históricos sobre a pessoa com deficiência, Palacios, Agustina, e Bariffi, Francisco – *La discapacidad como una cuestión de derechos humanos. Una aproximación a la Convención Internacional sobre los Derechos de las Personas con Discapacidad*, 2007, pp. 13-25.

> Para este modelo, as causas que originam a deficiência são científicas (a deficiência é produto da limitação física, psíquica, mental ou sensorial) [...] mas sempre na medida em que eles são reabilitados. Portanto, o fim primordial que se depreende deste modelo é normalizar aquelas pessoas para se integrarem na sociedade. A deficiência é um problema da pessoa, diretamente proporcionado por uma enfermidade, acidente ou condição de saúde, que requer cuidados médicos prestados por profissionais sob a forma de tratamento individual. O tratamento da deficiência encontra-se orientado para conseguir a cura ou uma melhor adaptação da pessoa [...].[30]

No caso das pessoas surdas, este modelo fundamentalmente médico centra-se no facto de as pessoas surdas serem vistas enquanto portadoras de um "défice de audição", ou seja, considera-se a surdez como uma anormalidade, promovendo-se a reabilitação da mesma[31]. STEVENS observa sobre este modelo:

> [...] Muitos profissionais ativos no "campo surdo" (médicos, pais, professores, etc. – a maioria são ouvintes) continuam a ver a surdez como uma "ofensa", como um "problema" que precisa de ser curado e resolvido por todos os meios. No "campo surdo", o modelo médico da deficiência é, infelizmente, ainda muito difundido. Isso significa que o "problema" está dentro do indivíduo, na criança ou pessoa surda. É ele ou ela que precisa de se adaptar à sociedade. Precisa de se conformar com a "normalidade". Isso significa que ele ou ela devem ser como uma pessoa que ouve [...].[32]

Em segundo lugar, quanto ao *modelo social*, conhecido como tese *socioantropológica*, contrariamente ao modelo anterior, segundo DE ASÍS ROIG:

[30] DE ASÍS ROIG, Rafael [*et al.*] – *La Convención Internacional sobre los Derechos de las Personas con Discapacidad y su impacto en el ordenamiento jurídico español*, 2008, p. 9 (tradução nossa).
[31] VALENTE, Ana [*et al.*] – *Surdez: duas realidades interpretativas*, 2005, p. 82.
[32] STEVENS, Helga – *Equal rights for deaf people: From being a stranger in one's own country to full citizenship through sign languages*, 2005, p. 2 (tradução nossa); cf. também KRAUSNEKER, Verena – *The protection and promotion of sign languages and the rights of their users in Council of Europe member states: needs analysis*, 2008, pp. 13-14.

> [...] Um dos pressupostos fundamentais radica no facto de as causas que originam a deficiência não serem individuais, como afirma o modelo reabilitador, mas sim preponderantemente sociais. E é assim porque, segundo os defensores deste modelo, as raízes do problema não residem exclusivamente nas limitações individuais, mas sim, sobretudo, nas limitações da sociedade para prestar os serviços apropriados e para assegurar adequadamente as necessidades das pessoas com deficiência que são tidas em conta dentro da organização social. No modelo social, as soluções não devem apontar só para o indivíduo, mas a atenção deve ser dirigida à sociedade.[33]

Atualmente, existe uma outra filosofia, com origem no movimento de vida independente, no âmbito dos direitos humanos, chamada tese da *diversidade*, que se aproxima do modelo social e que, segundo De Asís Roig, é entendida como

> um modelo baseado nos princípios dos movimentos de vida independente, naquilo que nos interessa aqui, [que] *exige a consideração da pessoa com deficiência* (ou diversidade funcional, um termo usado por este movimento) *como sendo valiosa em si mesma pela sua diversidade*.[34]

Assim, a tese da *diversidade*

> [...] partilha a visão do modelo social da deficiência, mas acrescenta que a situação que a provoca não tem de ser sempre considerada como um mal ou limitação (individual ou social). A pessoa com deficiência é, simplesmente, uma pessoa diferente de outra; então, a sua presença na sociedade (obviamente em igual satisfação de direitos que os demais) é um verdadeiro fator de enriquecimento. Desta forma, a política pública em matéria de deficiência deve ter como objetivo fazê-la desaparecer, sem eliminar assim, necessariamente, a deficiência. Em termos de direitos, o modelo da diversidade exige o reconhecimento de direitos específicos desses grupos, não tanto através de um argumento de tipo universal, mas mais de tipo individualista.[35]

[33] De Asís Roig, Rafael [*et al.*] – *Op. cit.*, p. 10 (tradução nossa).
[34] De Asís Roig, Rafael [*et al.*] – *Op. cit.*, p. 10 (tradução nossa).
[35] De Asís Roig, Rafael [*et al.*] – *Op. cit.*, p. 11 (tradução nossa).

Por outras palavras, os modelos apresentados (*social* e da *diversidade*) defendem que aquelas pessoas são titulares autónomos de todos os direitos, sendo vistas como sujeitos em vez de "objetos" de proteção. Estas teses em concreto olham a pessoa surda como "pessoa normal", estando em igualdade com os restantes; é portadora de diferença, por isso, perspetivam a pessoa surda como *pessoa culturalmente diferente*, independentemente do tipo de deficiência. Portanto, a pessoa surda é vista como portadora de uma diferença e não de uma deficiência[36]. Resumidamente, para as pessoas surdas, *culturalmente diferentes*, rejeita-se claramente a terminologia "deficiente auditivo", pois esta pressupõe a surdez como ausência de audição e não reconhece o portador como *pessoa diferente*, com estatuto, língua gestual e identidade cultural próprias.

3. Abordagem adotada sobre a pessoa surda

3.1. A pessoa com deficiência como "deficiência social"

Para o presente objeto da tese, coloca-se a questão: em que modelo atual devemos enquadrar o conceito da pessoa com deficiência? As pessoas *são deficientes* (modelo reabilitador) ou *diferentes* (modelo social e tese da diversidade)?

Na Convenção em vigor, considera-se claramente o modelo *social* do ponto de vista jurídico, "abolindo-se" o modelo *reabilitador*, porque este último só aborda o tratamento da deficiência – como refere DE ASÍS ROIG – de um ponto de vista essencialmente assistencial e, neste sentido, a situação das pessoas com deficiência nem sempre é percebida como exemplo de discriminação, na medida em que este modelo provoca a diminuição do desfrute dos direitos[37]. É verdade que a CDPD reconhece que o conceito de *deficiência* ainda é um conceito aberto e flexível, afirmando, de acordo com a alínea e) do Preâmbulo:

> Reconhecendo que a deficiência é um conceito em evolução e que a deficiência resulta da interação entre pessoas com incapacidades e barreiras comportamentais e ambientais que impedem a sua participação plena e efetiva na sociedade em condições de igualdade com as outras pessoas [...]

[36] *Vide* VALENTE, Ana [*et al.*] – *Op. cit.*, pp. 84-85.
[37] DE ASÍS ROIG, Rafael [*et al.*] – *Op. cit.*, p. 10.

Por esta razão, tal como é referido na segunda parte do art. 1.º, a CDPD entende por "pessoa com deficiência", *lato sensu*:

> As pessoas com deficiência incluem aqueles que têm incapacidades duradouras físicas, mentais, intelectuais ou sensórias, que em interação com várias barreiras podem impedir a sua plena e efetiva participação na sociedade em condições de igualdade com os outros.

A nossa legislação aproxima-se essencialmente do conceito supracitado, de acordo com o art. 2.º[38]:

> Considera-se pessoa com deficiência aquela que, por motivo de perda ou anomalia, congénita ou adquirida, de funções ou de estruturas do corpo, incluindo as funções psicológicas, apresente dificuldades específicas susceptíveis de, em conjugação com os fatores do meio, lhe limitar ou dificultar a atividade e a participação em condições de igualdade com as demais pessoas.

Por outras palavras, definir a *pessoa com deficiência*, a partir do conceito de *deficiência social*, descrito nas alíneas i) e m) do Preâmbulo e do art. 1.º, *in fine*, e art. 3.º, alínea d), da CDPD, implica recorrermos a três elementos fundamentais, condensados por De Asís Roig[39], a saber:

1) a existência de uma deficiência;
2) a existência de uma atitude ou ambiente que funciona como barreira;
3) que tem como resultado um impedimento na participação social em igualdade de condições.

Partindo do conceito supracitado, segundo Palacios, a deficiência social verifica-se quando uma pessoa fica limitada pelas diversas barreiras impostas pela sociedade, impedindo-a de participar plena e efetivamente na sociedade em igualdade de condições com os demais[40]. Finalmente, o

[38] Lei n.º 38/2004. DR I-A Série. 194 (2004-08-18) 5232-5236.
[39] Cf. De Asís Roig, Rafael [*et al.*] – *Op. cit.*, pp. 991-992.
[40] Cf. Palacios, Agustina; Bariffi, Francisco – *Op. cit.*, pp. 13-25.

art. 1.º da CDPD entende que *a pessoa com deficiência não é portadora de uma limitação física mas, principalmente, de uma limitação social.*

E o conceito de *limitação social* reporta-se essencialmente a todas as instituições públicas e privadas e aos indivíduos que criam limitações àquela pessoa, dificultando-lhe o pleno exercício dos seus direitos, privando-a mesmo de os exercer. Consequentemente, a CDPD impõe ao Estado, ao abrigo da ingerência dos direitos humanos, a remoção destas barreiras, a fim de promover e assegurar plenamente o exercício, em condições de igualdade, de todos os direitos e liberdades fundamentais, como prevê o art. 1.º da CDPD.

3.2. A pessoa surda com dupla dimensão: portadora de diferença e de deficiência social

Para a presente tese, o que se entende por *pessoa surda*? Existem várias definições de pessoa surda. Do ponto de visto jurídico, define-se "*Surdo* [com letra maiúscula: S] todo o indivíduo que, por não ouvir, é plenamente visual, acedendo por isso, naturalmente, à língua gestual da respetiva comunidade, construindo assim uma identidade cultural própria"[41]. Deve ser tido em conta o outro significado de *surdo*, com letra minúscula (s), que se refere particularmente às pessoas que não ouvem ou perdem a capacidade de ouvir e são portadores de deficiência auditiva, não sendo vistas como pessoas pertencentes a uma comunidade linguística (esta considera-se como *culturalmente diferente*).

A nossa consideração segue de perto Jokinen e a sua definição de pessoa surda, ou seja, *Gebärdensprachige* e *Gebärdensprachbenutzer,* como conceitos distintivos de pessoa surda, enquanto *pessoa culturalmente diferente* ou não. Em primeiro lugar, *Gebärdensprachige,* em sentido estrito, significa: "falante nativo de língua gestual", ou seja,

> a pessoa com surdez profunda/parcial que a aprendeu como primeira língua, é a língua que melhor domina e/ou é a língua que mais utiliza na sua vida quotidiana. É a língua com que se identifica enquanto utilizador.[42]

[41] Ministério da Educação – *Programa Curricular da Língua Gestual Portuguesa no Ensino Básico e Secundário,* 2007, p. 5; cf. também Padden, Carol – *The Deaf Community and the Culture of Deaf People,* 1998, p. 3.

[42] Jokinen, Markku – *Os Utilizadores de Língua Gestual e a Comunidade Surda,* 2006, p. 96.

JOKINEN caracteriza-a concretamente como *Gebärdensprachige:*

> [...] através da língua adquire-se toda uma cultura e o respetivo sistema de símbolos, o ser humano estrutura e interpreta o mundo, a sua relação com este e o lugar que nele ocupa. Assim, o falante nativo de língua gestual adquire não só a sua língua mas também a forma de pensar, as normas de comportamento, os valores e outros elementos característicos da sua cultura, dos quais depende a formação da sua identidade linguística e social. Esta raramente é monocultural, pelo simples facto de reunir as características do falante nativo de língua gestual e todas as outras que envolvem a comunidade surda. Assim, este indivíduo é bi ou multicultural.[43]

Em segundo lugar, *Gebärdensprachbenutzer*, em sentido amplo, significa "utilizadores de língua gestual", referindo-se àquelas pessoas que, independentemente de serem ou não *Gebärdensprachige*, podendo ser membros da comunidade surda, utilizam a sua língua, a língua gestual, para se expressarem e/ou comunicarem. Para JOKINEN, existem três perfis de *Gebärdensprachbenutzer*[44] a saber:

i. pessoas que utilizam a língua gestual como língua materna[45] e/ou primeira língua[46];
ii. pessoas que utilizam a língua gestual como segunda língua[47];
iii. pessoas que utilizam a língua gestual como língua estrangeira.

Em termos sucintos, para melhor identificarmos o conceito de pessoas surdas, *Gebärdensprachige* ou *Gebärdensprachbenutzer*, seguimos de

[43] JOKINEN, Markku – *Op. cit.*, p. 84.
[44] JOKINEN, Markku – *Op. cit.*, p. 92.
[45] MINISTÉRIO DA EDUCAÇÃO – *Op. cit.*, p. 8. Significa: "[...] é normalmente aquela adquirida em primeiro lugar durante a infância, no seio da família, em ambiente natural e sobre a qual se possui intuições linguísticas quanto à forma e uso. No caso dos surdos, no seio da comunidade surda, a sua "família" de identificação. Pode ser o mesmo que primeira língua ou L1."
[46] *Idem, ibidem.* Significa: "[...] é normalmente aquela que se adquire plenamente em primeiro lugar, é geralmente aquela na qual se tem mais competência e se fala mais espontaneamente relativamente a outras línguas."
[47] *Idem, ibidem.* Significa: "[...] é aquela que se aprende de forma sistematizada, sobre uma outra língua já adquirida, e que não se domina tão bem quanto a primeira língua."

perto a proposta de Jokinen, através da qual é possível identificar os três elementos essenciais que definem a pessoa surda[48]:

1. o estatuto de pessoa surda como *culturalmente diferente*;
2. a forma de identificar e o modo de adquirir a língua gestual;
3. identificação com a sua idiossincrasia linguística e cultural, pertença simbólica à sua comunidade surda, ou seja, identificação com a identidade e a cultura.

Por conseguinte, a pessoa surda deve ser perspetivada como aquela que é essencialmente visual, independentemente de não ouvir, sendo vista como *culturalmente diferente*, por utilizar ativa e passivamente a sua língua própria – a língua gestual –, identidade cultural e linguística, para se expressar e comunicar e, acima de tudo, por se identificar simbolicamente com a sua comunidade surda.

Voltando à questão colocada no início deste tópico, será que as pessoas surdas podem ser vistas como *pessoas deficientes*? Relembramos que a CDPD, no seu art. 1.º, convida-nos a olhar para a deficiência a partir de uma outra dimensão – o modelo social (ou tese da diversidade). Ou seja, considera que uma pessoa com deficiência não significa apenas que tem alguma deficiência (física, mental, intelectual ou sensorial), mas sim uma limitação social. Como disse Lane: "Uma deficiência não é algo que se tenha; é um rótulo que se adquire."[49]

É redutor afirmar que a pessoa surda se resume a alguém portador de deficiência auditiva, porque a pessoa surda tem uma forma própria de se identificar face aos demais e um modo de adquirir, de maneira ativa e passiva, a língua gestual, como ponto central de justificação, com a sua visão própria do mundo, que lhe proporciona uma idiossincrasia linguística e cultural e também um sentido de pertença simbólica à sua comunidade. O surdo é visto como exemplo de diversidade humana, cultural e linguística, e deve ser tido em consideração enquanto membro de uma comunidade cultural, com fortes laços sociais e históricos. Para compreendemos melhor a questão das pessoas surdas *culturalmente diferentes*, podemos vê-

[48] Jokinen, Markku – *Op. cit.*, p. 96.

[49] Lane, Harlen – *Serão as pessoas surdas deficientes?*, 2006, p. 41.

-las como membros de uma minoria, com a simbologia que o conceito acarreta e sobre a qual refletiremos mais adiante.

Assim, para enquadrarmos o conceito de pessoa com deficiência e para que a pessoa surda evolua de *pessoa deficiente* para *pessoa diferente*, é necessário termos absoluto respeito pelos seus direitos e reconhecermos-lhe pleno acesso à sociedade, sem limitações sociais externas, como prevê o conceito de *deficiência social*. Caso contrário, as pessoas surdas ficam reduzidas a portadoras de *deficiência social* e não de *deficiência física*. Socorrendo-me de KRAUSNEKER: "[...] [as pessoas surdas] encontram barreiras impostas pela sociedade, sofrem com a falta de acessibilidade e, portanto, são também 'deficientes'."[50]

É verdade que as pessoas surdas ainda desafiam as diversas barreiras, principalmente as de índole comunicativa, criadas pela sociedade em geral. Mas é possível eliminar as barreiras ao exercício de direitos e olhar as pessoas surdas como titulares "normais" de direitos, em igualdade com os demais. Atualmente, a maioria dos Estados continua a tratar as pessoas surdas como *deficientes*. Citando LADD:

> Há pouco conhecimento do estatuto dos surdos utilizadores da língua gestual e da cultura e história surdas, porque as políticas impostas persistiram na categorização dos surdos enquanto deficientes, apesar de todas as evidências nesse sentido.[51]

SECÇÃO III – A pessoa surda e sua relação com a comunidade surda enquanto minoria linguística

1. Questões preliminares: a definição jurídica de minoria

Para começar, não é fácil definir "minoria" em termos estritamente jurídicos, pois este conceito ainda não é universalmente consensual nem aceite, quer pelas organizações internacionais, quer pelos próprios Estados. Para a presente tese, pretende-se apenas compreender, *lato sensu*, o conceito de minoria através dos contributos doutrinários, em especial da

[50] KRAUSNEKER, Verena – *The protection* ... p. 17 (tradução nossa).

[51] LADD, Paddy [*et al.*] – *An agenda for change: Principles and guidelines for policy making and research in deaf-related areas*, 2003, p. 74 (tradução nossa).

ONU, ao longo do tempo, considerando alguns contributos importantes, como os de Francesco CAPOTORTI, Jules DESCHENES e outros.

Segundo CAPOTORTI, uma minoria é

> um grupo numericamente inferior ao resto da população de um Estado, em situação não dominante, cujos membros, súbditos do Estado, possuem, do ponto de vista étnico, religioso ou linguístico, características que diferem das do resto da população e manifestam, pelo menos de maneira implícita, um sentimento de solidariedade dirigido à preservação da sua cultura, das suas tradições, religião ou língua.[52]

DESCHENES defende que uma minoria é

> um grupo de cidadãos de um Estado, constituindo uma minoria numérica e ocupando uma posição não dominante nesse Estado, dotado de características étnicas, religiosas ou linguísticas que se diferenciam das da maioria da população, cultivando um sentido de solidariedade entre si, motivado, apenas implicitamente, por uma vontade coletiva de sobrevivência e com o objetivo de atingir a igualdade de facto e de direito em relação à maioria.[53]

Para EIDE,

> a minoria é qualquer grupo de pessoas residentes num Estado soberano, que representa menos de metade da população da sociedade nacional e cujos

[52] CAPOTORTI, Francesco – *Proposed Definition of 'Minorities' within the Context of Article 27, ICCPR: Study on the Rights of Persons Belonging to Ethnic, Religious and Linguistic Minorities*, Nações Unidas, Nova Iorque, 1979, Documento E/CN.4/Sub.2/384/Rev.1, para. 568 (tradução nossa).

[53] DESCHENES, Jules – *Proposal Concerning a Definition of the Term 'Minority'*, Nações Unidas, Nova Iorque, 1985, Documento E/CN.4/Sub.2/1985/31 (tradução nossa). CANOTILHO segue de perto DESCHÊNES para explicar o conceito de minoria: "A minoria será, fundamentalmente, um grupo de cidadãos de um Estado, em minoria numérica ou em posição não dominante nesse Estado, dotado de características étnicas, religiosas ou linguísticas que diferem das da minoria da população, solidários uns com os outros e animados de uma vontade de sobrevivência e de afirmação da igualdade de facto e de direitos com a maioria." CANOTILHO, J. J. Gomes – *Direito Constitucional e Teoria da Constituição*, 2003, p. 387.

membros têm em comum características de natureza étnica, religiosa ou linguística que as distinguem do resto da população.[54]

Para CHERNICHENKO,

> um grupo de pessoas que, em princípio, reside de modo permanente no território de um Estado e é numericamente inferior ao resto da população desse Estado, ou seja, representa menos de metade da população nacional; que possui características nacionais ou étnicas, religiosas e linguísticas, assim como outras particularidades conexas (cultura, tradições, etc.) que diferem das características correspondentes ao resto da população e manifesta uma vontade de preservar a existência e a identidade do dito grupo, que não deve ser interpretada como concessão do direito a cometer atos ou fomento de atos dirigidos à privação da condição de cidadão ou residente permanente.[55]

Tendo em conta os vários contributos definitórios apresentados, "minoria" pode ser definida como um determinado grupo de pessoas que vivem e residem num Estado, numericamente inferior e/ou estando numa posição de vulnerabilidade e não dominante em relação à maioria da população, com características próprias que diferem da maioria da população do Estado onde vivem; os seus membros identificam, de forma expressa ou implícita, as particularidades, nomeadamente de origem linguística, cultural, religiosa ou étnica, comuns entre si, que pretendem, ativa e passivamente, manter, conservar e promover[56].

[54] EIDE, Asbjørn – *Working Definition of Minorities, Possible Ways and Means of Facilitating the Peaceful and Constructive Solution of Problems Involving Minorities*, Nações Unidas, Nova Iorque, 1993, Documento E/CN.4/Sub.2/1993/34, para. 29 (tradução nossa).

[55] CHERNICHENK, Stanislav – *Definition of minorities*, Nações Unidas, Nova Iorque, 1996, Documento E/CN.4/Sub.2/AC.5/1996/WP.1 (tradução nossa).

[56] A minha consideração segue de perto SKUTNABB-KANGAS, que define assim minoria: "*A group which is smaller in number than the rest of the population of a State, whose members have ethnic, religious or linguistic features different from those of the rest of the population, and are guided, if only implicitly, by the will to safeguard their culture, traditions, religion or language. Any group coming within the terms of this definition shall be treated as an ethnic, religious or linguistic minority. To belong to a minority shall be a matter of individual choice.*" SKUTNABB-KANGAS, Tove – *Why Should Linguistic Diversity be Maintained and Supported in Europe? Some Arguments*, Strasbourg: Council of Europe, 2002, p. 11.

O conceito de minoria pode implicar, por um lado, *stricto sensu*, conforme o art. 27.º do PIDCP, o reconhecimento da natureza específica das minorias, ao nível da *língua*, da *religião* e da *etnia*[57], contemplados expressamente pelo direito internacional. Por outro lado, além da especificidade supracitada, o conceito de minoria pode implicar, *lato sensu*, em termos sociológicos, os membros de uma sociedade que não se incluem no grupo cultural ou étnico dominante, refletindo-se na subalternidade em relação ao poder e ao prestígio sociais, por exemplo, os grupos vulneráveis em geral (idosos e pessoas com deficiência) ou por razões de identificação geográfica, socioeconómica, cultural, religiosa, ou mesmo etária[58].

[57] De acordo com Monteiro, quanto à *minoria étnica*, estes são grupos que apresentam, entre os seus membros, traços históricos, culturais e tradições comuns, distintos dos verificados na maioria da população. *Minoria religiosa* é um grupo que professa e pratica uma religião que se diferencia daquela praticada pela maioria da população. *Minoria linguística* refere-se a grupos que usam uma língua (independentemente de ser escrita) diferente da língua da maioria da população ou da adotada oficialmente pelo Estado. In Monteiro, Adriana Carneiro [*et al.*] – *Minorias Étnicas, Linguísticas e Religiosas.* [Texto *online*] [Consult. 4 jan. 2011].

[58] Cf. Recomendação do Conselho Nacional de Educação n.º 1/2001. DR II Série. 4389 – 4392. Explica o conceito de minoria: "O conceito de minoria, mais do que um conceito estatístico, diz respeito a membros de uma sociedade que não se incluem no grupo cultural ou étnico dominante. Trata-se, assim, de um conceito sociológico que reflete subalternidade em relação ao poder e ao prestígio sociais. Em termos localizados, os membros de uma minoria podem, inclusive, ser maioritários (*v. g.*, pela escolha discricionária de uma determinada escola pelos pais). Por outro lado, as minorias também não se constituem obrigatoriamente a partir de diferenças de nacionalidade ou de etnia. Dentro de um país, entre nacionais, também se podem constituir minorias por razões de identificação em bases geográficas, socioeconómicas, culturais, religiosas, ou mesmo etárias. A diversidade assim constituída faz parte da matriz constitutiva das populações. Por isso, não há que a prevenir ou corrigir, sendo antes necessário o desenvolvimento de processos educacionais que ponham em relevo o que pode unir e conduzir à aceitação de espaços comuns de partilha. A constituição de grupos minoritários obedece a um processo de autoidentificação e de unificação baseado em contextos familiares e sociais, para além das origens étnicas e da nacionalidade. Os membros destes grupos coexistem lado a lado entre si e entre os cidadãos do país ou do espaço locorregional de acolhimento. Em relação a esta problemática é necessário e fundamental ter presente que: a) Nenhuma cultura é independente de outras culturas ou, por si, superior a elas; b) As questões de identidade são estruturantes e implicam uma dimensão emocional; c) Os problemas surgidos na área multicultural devem ser lidos em contextos específicos."

2. Características conceptuais de minoria

Existem *elementos mínimos* e *comuns* para definir o conceito em estudo. Ou seja, existem elementos objetivos e subjetivos para formular e enquadrar, em termos concretos, o conceito de minoria, a saber:

Elementos característicos do conceito de minoria	
ELEMENTOS OBJETIVOS	ELEMENTOS SUBJETIVOS
i. A existência de um determinado grupo de pessoas	i. A autoidentificação com as características próprias deste grupo
ii. A posição quantitativa e/ou qualitativa deste grupo	ii. A vontade de conservar e preservar as características próprias deste grupo
iii. A existência de características próprias deste grupo	

2.1. Elementos objetivos

Os elementos objetivos "consistem essencialmente num objeto em si e não no modo interior de pensar e sentir do indivíduo, ou seja, objetivo é todo aquele que existe na realidade, exterior ao indivíduo"[59]. São constituídos por três elementos cumulativos, a saber:

a) A existência de um determinado grupo de pessoas

O elemento em questão consiste "na presença do ser humano, mesmo que, pela sua natureza própria, tenda a agrupar-se com os seus iguais para partilhar com eles determinadas características que os unem e identificam"[60].

[59] CORONA FERREYRA, Román Rubén – *Minorías y grupos diferenciados: claves para una aproximación conceptual desde la perspectiva internacional*, 2006. [Texto *online*] [Consult. 4 jan. 2011] (tradução nossa).

[60] *Idem*. [Texto *online*] (tradução nossa).

b) A posição quantitativa e/ou qualitativa deste grupo

Em primeiro lugar, *quantitativamente*, refere-se à *inferioridade numérica*[61], ou seja, representa menos de metade da população de um determinado Estado. No entanto, mais uma vez, este elemento não é consensual em relação ao fator numérico para se considerar existir uma minoria. Assim, na minha consideração, adota-se de perto CORONA FERREYRA, que defende que existe outro elemento essencial, o elemento *qualitativo*, relativo à *vulnerabilidade* e/ou *posição não dominante* do grupo em relação à maioria da população, salientando-se

> o perigo de desproteção em que se encontram os membros do grupo minoritário perante as discriminações que os impedem de ser realmente titulares e de desfrutar dos seus direitos humanos em igualdade de condições em relação ao resto da população, se mantiverem as suas diferenças. Ou o perigo de extinção em que se encontram os membros do grupo minoritário por não disporem dos meios para se defenderem contra o tratamento que recebem pelo facto de quererem manter as suas características diferentes.[62]

c) A existência de características próprias deste grupo

As *características próprias* consistem "na presença da língua, religião e etnia, ou seja, práticas, tradições, usos sociais e instituições de raiz cultural própria e concreta no âmbito desses grupos"[63]. Por outras palavras, quando se confirma a existência de um ou mais elementos comuns (a língua, a religião ou a etnia), o grupo enquadra-se nas características do conceito de minoria.

[61] Segundo CORONA FERREYRA: "Otro elemento importante a considerar es el referente a la inferioridad numérica del grupo humano diferenciado, mismo que es señalado en la mayoría de las definiciones analizadas. Por ello, hablar de minorías es referirse a grupos de personas o colectivos humanos menores en número que el resto de la población donde se localicen. [...] minoría necesariamente deberá ser numéricamente inferior al resto de la población donde se localice, ya que de lo contrario, perdería su esencia dicho término. " *Idem. Ibidem.*

[62] *Idem.* [Texto *online*] (tradução nossa).

[63] *Idem.* [Texto *online*] (tradução nossa).

2.2. Elementos subjetivos

O elemento subjetivo entende-se como "o modo de sentir ou de pensar do indivíduo e não o objeto em si"[64]. Existem dois elementos fundamentais a reter:

a) A autoidentificação com as características próprias deste grupo

Um elemento essencial é a *autoidentificação* com as características próprias. Ou seja, o próprio indivíduo tem um fator essencial para decidir se pertence ou não a um grupo; é a *autoidentificação* com a minoria, ou seja, o grupo com que se identifica simbolicamente, convivendo com as suas características comuns, manifestando vontade de manter, preservar e conservar essas mesmas idiossincrasias.

b) A vontade de conservar e preservar as características próprias deste grupo

O elemento em questão consiste "na determinação destes membros em utilizar a sua própria língua, praticar a sua religião e os seus diferentes usos sociais, tradições e instituições, ou seja, a sua própria cultura"[65].

3. O conceito de minoria linguística

Tendo em conta as considerações conceptuais acerca de minoria e os contributos definitórios para a mesma, atualmente o termo "minoria" é substituído por "comunidade" e por "grupo" para responder às dificuldades de a definir. Como disse Contreras Mazarío,

> [...] fundamentado nas mencionadas dificuldades para concordar numa definição e nas conotações histórico-negativas do termo, tem sido sugerida a exclusão do termo minorias, substituído por outros como comunidades, grupos, populações, etc. Por vezes, o abandono da palavra minoria é apenas uma conveniência semântica [...].[66]

[64] *Idem.* [Texto *online*] (tradução nossa).
[65] *Idem.* [Texto *online*] (tradução nossa).
[66] Contreras Mazarío, José María – *Op. cit.*, p. 1. (tradução nossa).

Interessando-nos definir, no âmbito da presente tese, de forma concreta *minoria linguística*, podemos apoiar-nos no seu equivalente *comunidade linguística*, como podemos constatar no art. 2.º, alínea c), da DDC, e no art. 1.º, da DUDL, respetivamente:

> [...] [por] comunidade cultural entende-se um grupo de pessoas que partilha as referências constitutivas de uma identidade cultural em comum, desejando preservá-la e desenvolvê-la [...]

> [...] comunidade linguística é toda a sociedade humana que, radicada historicamente num determinado espaço territorial, reconhecido ou não, se identifica como povo e desenvolveu uma língua comum como meio de comunicação natural e de coesão cultural entre os seus membros. [...] Uma comunidade linguística histórica no respetivo espaço territorial, entendendo-se este não apenas como a área geográfica onde esta comunidade vive, mas também como um espaço social e funcional indispensável ao pleno desenvolvimento da língua [...]

Tendo em conta estas considerações, o conceito de minoria linguística (ou comunidade linguística) será visto como um determinado grupo de pessoas, que vivem e residem no território de um Estado, numericamente inferior e/ou estando numa posição de vulnerabilidade e não dominante em relação à maioria da população, com características linguísticas próprias, partilhando uma língua própria como meio de comunicação natural e de coesão cultural que difere da língua da população em maioria; um grupo que se identifica simbolicamente com a sua língua, manifestado vontade de, ativa e passivamente, manter, preservar e promover as suas particularidades linguísticas. Resumindo, são estes os elementos definitórios de *minoria linguística*, baseando-nos na presente definição:

Características definidoras do conceito de minoria linguística	
ELEMENTOS OBJETIVOS	ELEMENTOS SUBJETIVOS
i. A existência de um determinado grupo de pessoas que partilham uma identidade linguística própria, ou seja, uma língua própria	i. A autoidentificação com as características próprias deste grupo, ou seja, o indivíduo identifica-se simbolicamente com a língua como meio de comunicação – *língua própria* – como marca característica da sua identidade linguística; e, ainda, solidariza-se, de maneira explícita ou implícita, com a sua comunidade
ii. Estando em inferioridade numérica e/ou em posição vulnerável e não dominante em relação à maioria da população que utiliza a língua adotada pelo Estado	ii. A vontade de conservar e preservar as características linguísticas próprias deste grupo
iii. A existência de particularidades linguísticas (e culturais) próprias, ou seja, uma língua própria como meio de comunicação adotada pelos seus membros	

4. A comunidade surda como minoria linguística

Os valores das pessoas surdas refletem as crenças e as maneiras pelas quais eles reagem ao seu meio social.[67]

CAROL PADDEN

A questão central seria a de saber se o enquadramento do conceito de minoria linguística será aplicável à comunidade surda. Em primeiro

[67] Padden, Carol – *Op. cit.*, 1980; *vide* Nivia, Diana – *Una aproximación a las representaciones sobre la lengua escrita desde el mundo de los sordos*, 2008, p. 12.

lugar, do ponto de vista jurídico, existe uma norma relevante para ajudar a compreender e analisar a *comunidade linguística*, com base nos arts. 24.º e 30.º, da CDPD. Por outras palavras, as pessoas surdas apresentam os três elementos-chave para serem consideradas como comunidade linguística, que são: *a língua, a cultura e a identidade.*

Para definir a comunidade surda, existem várias propostas que a consideram "como conjunto de sujeitos surdos que não habitam o mesmo local, mas que estão ligados por uma origem, tais como a cultura surda, usam língua de sinais, têm costumes e interesses semelhantes, histórias e tradições comuns e qualquer outro laço compartilhado"[68].

Por conseguinte, segundo a nossa perspetiva, com base na presente definição de minoria linguística – ou seja, a comunidade surda como um determinado grupo de pessoas surdas *culturalmente diferentes*, quer *Gebärdensprachige* (falantes nativos de língua gestual) quer *Gebärdensprachbenutzer* (utilizadores de língua gestual), que vivem e residem num Estado, sendo um grupo numericamente inferior e em posição vulnerável e não dominante em relação à maioria da população; um grupo com características culturais e linguísticas próprias, que partilha uma língua própria entre os seus membros, como meio de comunicação natural e de coesão cultural, e partilha elementos característicos comuns (valores, crenças, história, cultura e identidade) que diferem dos da maioria da população; pessoas que se identificam, de forma emocional e simbólica, com a sua língua e têm vontade de, ativa e passivamente, manter, conservar e promover as particularidades linguísticas e culturais) – compreendemos as características fundamentais do conceito de minoria, no caso das pessoas surdas, como membros da comunidade surda enquanto comunidade linguística e cultural.

[68] Strobel, Karin Lilian – *Op. cit.*, p. 13. Segundo Silveira, "uma comunidade surda é um grupo de pessoas que vivem num determinado local, partilham os objetivos comuns dos seus membros, e que por diversos meios trabalham no sentido de alcançarem estes objetivos. Uma comunidade surda pode incluir pessoas que não são elas próprias surdas, mas que apoiam ativamente os objetivos da comunidade e trabalham em conjunto com as pessoas surdas para os alcançar." Silveira, Carolina Hessel – *O Currículo de Língua de Sinais na Educação de Surdos*, 2006, p. 37.

4.1. Elementos objetivos

a) A existência de um determinado grupo de pessoas surdas *culturalmente diferentes*, quer *Gebärdensprachige* (falantes nativos de língua gestual) quer *Gebärdensprachbenutzer* (utilizadores de língua gestual), que partilham uma identidade própria, ou seja, uma língua própria e suas particularidades culturais e linguísticas.

Este elemento existe num determinado grupo, ou seja, Portugal, que reconhece, *de facto* e não *de iure*, a comunidade surda como um conjunto de pessoas surdas que partilham características próprias, embora não se reporte apenas às pessoas surdas propriamente ditas no seio de comunidade surda. Não é um *ghetto*; muito pelo contrário, é uma comunidade muito heterogénea, do ponto de vista do tipo de pessoas que a integram, independentemente das suas origens, desde que partilhem um elemento mais fundamental como a língua gestual enquanto meio de comunicação cultural entre os seus membros[69].

b) Estando em inferioridade numérica e/ou em posição vulnerável e não dominante em relação à maioria da população, que utiliza a língua adotada pelo Estado.

Em primeiro lugar, não existem dados oficiais quanto ao número de pessoas surdas[70], mas é fácil reconhecer que a comunidade surda é *nume-*

[69] *Vide* Jokinen, Markku – *Op. cit.*, pp. 86-91. Para compreendermos melhor a comunidade surda como "casa das pessoas surdas", ou seja, como espaço de convívio entre os membros, acompanhamos Silveira: "Comunidade é um lugar confortável e aconchegante, que tem proteção e segurança. Estas duas palavras são diferentes; assim, os surdos participam na comunidade surda, frequentam a associação de surdos, escolas, igrejas, os pontos de encontro surdo (tipo de bar, praça, *shopping*, etc.), onde há o prazer entre surdos com a comunicação de LS; têm a mesma identidade, mesma cultura, até piadas. Este é um tipo de resistência da comunidade surda [...] Tem proteção e segurança: é a segunda casa dos surdos. Porém, os surdos moram com famílias e a maioria das famílias dos surdos são ouvintes e surdos não têm a mesma comunicação com a família ouvinte. Também a comunidade surda abre a fronteira aos ouvintes que participam dela, como escolas de surdos que têm intérpretes, professores ouvintes e surdos; algumas famílias surdas têm parentes ouvintes que vão à associação, etc." Silveira, Carolina Hessel – *Op. cit.*, p. 37.

[70] Sobre estatísticas de pessoas com deficiência, *vide* Instituto Nacional de Estatística. CENSO. 2001. *Análise de População com Deficiência*. [Consult. 20 out. 2010] Disponível em: http://www.

ricamente inferior ao resto da população portuguesa, aproximando-se das 100.000 pessoas, que se identificam com a sua comunidade. Em segundo lugar, *qualitativamente*, aquelas pessoas estão em posição *não dominante* em relação à maioria da população portuguesa. Acresce o facto de a comunidade surda estar em *posição vulnerável* em relação à sociedade em geral, pois, como afirma Wilson MIRANDA:

> [...] a ideia da identidade cultural nas comunidades surdas não se apresenta estável. Ela é ameaçada constantemente pelo outro. Este outro pode-se referir aos surdos que optaram pela representação da identidade ouvinte. Esta política de representação geralmente terá uma incidência negativa.[71]

Citamos, ainda, PERLIN, que descreveu:

> [...] a violência contra a cultura surda foi marcada através da história. Constatamos, na história, eliminação vital dos surdos, a proibição do uso de língua de sinais, a ridicularização da língua, a imposição do oralismo, a inclusão do surdo entre os deficientes, a inclusão dos surdos entre os ouvintes.[72]

Por estas razões, estando numa posição vulnerável perante a sociedade maioritária, as próprias pessoas surdas, enquanto membros da sua comunidade, têm uma espécie emocional de *lealdade linguística*. O conceito é proposto por WEINREICH:

> [...] defender a própria língua frente à ameaça de um câmbio ou de interferências linguísticas. Esta significação designa um estado emocional caracterizado por uma forte vinculação aos valores do próprio grupo em oposição aos outros grupos. A preocupação com a própria língua pode tornar-se uma defesa ativa da língua.[73]

fpas.org.pt/images/stories/Noticias/Censos%202001%20-%20Populacao%20com%20Deficiencia.pdf

[71] MIRANDA, Wilson – *Comunidade dos surdos: olhares sobre os contactos culturais*, 2001, p. 23.

[72] PERLIN, Gládis – *O lugar da cultura surda*, 2004, p. 79.

[73] WEINREICH, V. – *Languages in contact*, 1970, p. 105. Cit. por GURRERA ROIG, Matilde – *Op. cit.*, pp. 224-225 (tradução nossa).

Este significado pode explicar por que razão as pessoas surdas têm valores próprios de identidade linguística, sendo a sua função a defesa da própria língua. A lealdade linguística tem a ver com o elemento subjetivo, que será abordado mais adiante.

c) A existência de particularidades linguísticas e culturais próprias, ou seja, uma língua própria como meio de comunicação adotada pelos membros

Com base na noção de *características próprias*, anteriormente citada, o que se entende por *particularidades linguísticas e culturais da comunidade surda*? Refere-se essencialmente à língua, à identidade e à cultura surda na construção da identificação da própria pessoa surda enquanto membro da sua comunidade[74].

4.2. Elementos subjetivos

a) A autoidentificação com as características próprias deste grupo, ou seja, o indivíduo identifica-se simbolicamente com a língua como

[74] Para compreendermos melhor as particularidades linguísticas e culturais da comunidade surda, LANE enumera, de forma exemplificativa: "Sentimiento de comunidad – *Las personas pertenecientes a este mundo se sienten profundamente identificadas con él y le muestran una gran lealtad, ya que les ofrece aquello que no pueden encontrar en sus hogares: facilidad de comunicación, identidad positiva... El mundo de las personas sordas posee una alta tasa de endogamia: alrededor de un 90 por ciento* ; Normas de conducta – *Existen normas para relacionarse, para gestionar la información, construir un discurso, adquirir un estatus....* ; Valores diferenciados – *Las personas sordas valoran su identidad sorda, estigmatizada por el mundo oyente, su lengua de signos, a la que procuran proteger y enriquecer, la lealtad cultural, el contacto físico...* ; Conocimiento – *Las personas sordas poseen un conocimiento cultural específico, por ejemplo, acerca de su historia, conocen los valores del mundo de las personas sordas, sus costumbres y estructura social;* Costumbres – *En el mundo de las personas sordas hay maneras propias de presentarse y decirse adiós, de llevar un orden en las conversaciones, de hablar francamente y de expresarse de manera educada. También posee sus propios tabúes;* Estructura social – *En el mundo de las personas sordas existen numerosas organizaciones deportivas, sociales, literarias, religiosas, políticas...;* Lengua – *En las lenguas encuentran las minorías étnicas no sólo un medio de comunicación, sino el espíritu colectivo al que pertenecen. Las lenguas de signos, no basadas en el sonido, desmarcan claramente el mundo de las personas sordas del mundo oyente; [...]* Historia – *El mundo de las personas sordas posee un rico pasado relatado en lengua de signos y en soportes muy diversos. Muchas asociaciones de personas sordas poseen importantes colecciones de cintas de vídeo y películas de contenido histórico, y hay un gran interés en conocer y aprender de la historia*" In LANE, Harlan – *A journey into the deaf-word*, 1996, p. 513. Cit. por LÓPEZ, Felisa Pino – *La cultura de las personas sordas*, 2007, pp. 7-8.

meio de comunicação – *língua própria* – como marca característica da sua identidade linguística e, ainda, solidariza-se, de maneira explícita ou implícita, com a sua comunidade.

Como vimos, as pessoas surdas podem não se identificar com a comunidade surda. Então, é possível compreender os elementos para a identificação das particularidades linguísticas e culturais, por parte da própria pessoa surda, que, segundo STROBEL[75] e com base na definição da pessoa surda, anteriormente citada, são:

i. *elemento de identificação pessoal:* quando a pessoa surda em concreto se autoidentifica como pessoa *culturalmente diferente* e não como deficiente, como pessoa que simplesmente não ouve;
ii. *elemento linguístico:* a pessoa surda, quer *Gebärdensprachige* (falante nativo de língua gestual) quer *Gebärdensprachbenutzer* (utilizador de língua gestual), valoriza a língua gestual como língua própria para expressar e comunicar, como marca característica da sua identidade linguística e cultural;
iii. *elemento de identificação cultural:* identificação positiva, de maneira explícita ou implícita; pertença simbólica à sua comunidade surda e vinculação emocional, por parte da própria pessoa surda às particularidades linguísticas e culturais da sua comunidade.

b) A vontade de conservar e preservar as características linguísticas próprias deste grupo.

As pessoas surdas, na sua maioria, enquanto membros da comunidade surda, têm uma atitude ativa, como já foi referido antes, uma *lealdade linguística* que as leva a defender e preservar as suas particularidades linguísticas e culturais.

Por conseguinte, a comunidade surda enquadra, de forma clara e definitiva, todos os elementos definidores do conceito de minoria linguística em análise, ou seja, enquadra adequadamente o conceito sociológico de minoria *lato sensu*. Assim, a comunidade surda é tratada como minoria

[75] STROBEL, Karin Lilian – *Surdos...*, p. 146.

linguística *de facto* (não *de iure*), reconhecida implicitamente pela CDPD. Observa TIMMERMANS:

> Os utilizadores da língua gestual formam uma minoria [...] Consideram que as línguas gestuais são o idioma preferido ou língua única de um grande número de pessoas surdas. Estima-se que a proporção de pessoas surdas pré-linguísticas é de aproximadamente 1 em 1000. No entanto, como também pessoas surdas pós-linguísticas, familiares de crianças surdas, professores, assistentes sociais, etc., precisarão de usar a língua gestual, o número de utilizadores de língua gestual é consideravelmente maior do que o número de pessoas surdas. Os utilizadores de língua gestual são uma minoria, já que são um grupo numericamente inferior ao resto da população de um Estado, numa posição não dominante, possuindo características linguísticas diferentes das do resto da população. Revelam, mesmo que apenas implicitamente, um sentimento de solidariedade, dirigido no sentido de preservar o que constitui a sua identidade comum, nomeadamente a sua cultura, tradições e língua [...].[76]

5. A interdependência entre dimensões dos direitos linguísticos e a questão da titularidade daqueles direitos

Atualmente, a maioria dos autores defende a existência de uma dupla dimensão dos direitos linguísticos[77]. Na dimensão individual, em termos sucintos, é o próprio indivíduo, enquanto titular de direitos linguísticos

[76] TIMMERMANS, Nine – *Op. cit.*, pp. 148-149 (tradução nossa). É interessante a descrição, de forma concreta, das pessoas surdas no seio da comunidade surda, como observa LABORIT: "O 'povo' surdo é alegre. Talvez porque tenha havido muito sofrimento em sua infância. Eles têm prazer em se comunicar e se alegram sempre. Em um pátio de recreação ou em um restaurante, um grupo de surdos que falam é algo incrivelmente vivo. Falamos, falamos, exprimimo-nos às vezes durante horas. Como se tivéssemos uma sede inesgotável de dizer as coisas, das mais superficiais às mais sérias. Os surdos teriam me chamado de "Flor que chora", caso eu não tivesse tido acesso à sua comunidade linguística. A partir dos sete anos tornei-me falante e luminosa. A linguagem de sinais era minha luz, meu sol, não pararia mais de me exprimir, aquilo saía, saía, como uma grande abertura em direção à luz. Não conseguia mais parar de falar com as pessoas. Tornei-me "O sol que vem do coração." Era um belo sinal." SILVEIRA, Carolina Hessel – *Op. cit.*, p. 38.

[77] Por exemplo, ANTÓNIO NÚÑEZ, Manuel – *Op. cit.*, 2003; ENRIQUE HAMEL, Rainer – *Derechos lingüísticos como derechos humanos: debates y perspectivas*, 1995, pp. 11-23; SKUTNABB-KANGAS, Tove; PHILLIPSON, Robert – *Op. cit.*, p. 2 e ss.; Segundo DUDL, de acordo com art. 1.º, n.º 2:

e direitos individuais, que pode, nos termos do art. 3.º, da DUDL, exercer, por exemplo: o direito ao uso da língua em privado e em público; o direito a ser reconhecido como membro de uma comunidade linguística e relacionar-se e associar-se com outros membros; o direito a manter e desenvolver a própria cultura. Por outro lado, em termos sucintos, no que concerne à dimensão coletiva, segue-se a mesma ideia do art. 4.º, da DUDL, a saber: o direito ao ensino da própria língua e da própria cultura; o direito a dispor de serviços culturais; o direito a uma presença equitativa da língua e da cultura do grupo nos meios de comunicação; o direito ao atendimento na sua língua nos organismos oficiais e nas relações socioeconómicas. SKUTNABB-KANGAS resume a questão como *direitos humanos linguísticos,* ou seja, a fórmula de *direitos linguísticos + direitos humanos = direitos humanos linguísticos*, que podem ser vistos como uma dimensão individual e coletiva dos direitos linguísticos[78].

O direito internacional, em especial no que diz respeito aos instrumentos de proteção das minorias, não define expressamente quem são os titulares dos direitos linguísticos. Assim, recorremos à interpretação do espírito da norma com base nos arts. 24.º e 30.º da CDPD, para definirmos os termos *surdos* e *comunidade surda*. Para efeitos do presente trabalho, vamos esclarecer as questões essenciais sobre a titularidade daqueles direitos à luz das perspetivas complementares entre os direitos das pessoas com deficiência e dos direitos das minorias[79].

Em primeiro lugar, à luz da perspetiva dos direitos das pessoas com deficiência, tratando-se de uma perspetiva individual, inquestionavelmente, considera-se que a pessoa surda é o titular individual dos direitos linguísticos. Em termos sucintos, os direitos individuais linguísticos (e culturais) são exercidos pelo próprio indivíduo, no caso da pessoa surda, enquanto titular daqueles direitos no âmbito da liberdade pessoal, por exemplo, o direito ao uso da sua língua em qualquer local e o direito a ser reconhecido como membro de uma minoria linguística.

Em segundo lugar, na esfera dos direitos das minorias, reconhecemos que a problemática da definição da titularidade dos direitos coletivos

"[...] esta Declaração parte do princípio de que os direitos linguísticos são simultaneamente individuais e coletivos, e adota como referência a plenitude dos direitos linguísticos [...]."

[78] SKUTNABB-KANGAS, Tove; PHILLIPSON, Robert – *Op. cit.*, p. 2.

[79] *Vide* Secção IV, do Cap. I.

assume uma controvérsia ao nível doutrinal e jurisprudencial internacional[80]. Sem embargo, a nossa perspetiva entende, em termos gerais, que os direitos coletivos podem ser definidos à luz das duas perspetivas[81]: em primeiro lugar, o direito coletivo *stricto sensu* advoga o exercício dos direitos por determinado grupo enquanto titular dos direitos coletivos. Em segundo lugar, o direito coletivo *lato sensu* implica o exercício dos direitos cuja titularidade é individual, mas pertence a todos os membros de determinado grupo e possui um conteúdo específico no âmbito do interesse coletivo, sem prejuízo do exercício dos direitos individuais.

No entanto, a nossa perspetiva entende que é inútil e desnecessário separar os elementos caracterizadores dos exercícios coletivo e individual; pelo contrário, devem ser complementares em função das finalidades do exercício da titularidade em relação aos direitos linguísticos (e culturais).

Admitindo a dificuldade de definição exata da titularidade coletiva, sem embargo, a nossa perspetiva entende que a comunidade surda deve ser considerada como titular coletivo *lato sensu*, ou melhor, portadora dos *direitos específicos de grupo*[82], não se tratando de um direito coletivo propria-

[80] Contreras Mazarío explicou de forma clara: *"[...] presente ámbito de aplicación está relacionada con la problemática del sujeto ativo o titular originario de este derecho. A este respecto, el Comité precisa que "aunque los derechos amparados por el artículo 27 sean derechos individuales, dichos derechos dependen a su vez de la capacidad del grupo minoritario para conservar su cultura, su idioma o su religión"* [NAÇÕES UNIDAS. CDH. Comentário n.º 23 (1994) (Direitos das Minorias – art. 27.º, do PIDCP)] *Se trata, pues, derecho de naturaleza individual, pero cuyo ejercicio y existencia tienen como referencia al grupo. Por lo tanto, no cabría hablar de derechos unipersonales o de un derecho que no estuviera amparado por la previa existencia del grupo minoritario de referencia. Ello permite diferenciarlo de los demás derechos garantizados en el Pacto, y en especial y por lo que a la presente cuestión interesa del derecho a la libertad de pensamiento, de conciencia y de religión amparado en el artículo 18 del mismo. [...]"* Contreras Mazarío, José María – *Minorías y Naciones Unidas. Especial referencia al concepto de minoría religiosa*, 2003. p. 13.

[81] *Vide* Jáuregui, Gurutz – *Derechos individuales versus derechos colectivos. Una realidad inescindible*, 2001, p. 57.

[82] Jáuregui caracteriza os direitos coletivos *lato sensu*, ou seja, são os direitos do grupo e os direitos específicos do grupo. Os primeiros são definidos: *"Son aquellos derechos que siendo de titularidad individual requieren para su ejercicio la participación de una pluralidad o grupo. Se trataría de derechos individuales de ejercicio colectivo. Se trata de derechos íntimamente ligados a la participación política y social [...]"*. Os segundos são considerados: *"Son aquellos derechos cuya titularidad reside en el individuo en función de su pertenencia a un determinado grupo. Aquí se protegen intereses individuales en un ámbito colectivo concreto [...]"* Jáuregui, Gurutz – *Op. cit.*, 2001, p. 57.

mente dito, porque não foi reconhecida *de iure* (só *de facto*) como minoria linguística, com certas finalidades, por exemplo: o direito ao ensino da própria língua e da própria cultura e o direito a uma presença equitativa da língua nos serviços públicos.

Face ao interesse coletivo da comunidade surda, os direitos individuais (por exemplo, a preservação e promoção das particularidades culturais e linguísticas e os valores comuns – a história e a cultura) só são exercidos, eficazmente, no âmbito do interesse coletivo, ou seja, os titulares podem exercer individualmente o direito na sua comunidade, o que implica que a generalidade dos indivíduos, enquanto membros de determinado grupo, participa e partilha o bem coletivo, por exemplo, uma identidade coletiva, ou seja, uma língua própria e suas particularidades culturais e linguísticas. Percebemos que a constituição de uma língua não é uma criação individual, mas sim uma forma coletiva de construção e desenvolvimento da sua própria identidade linguística, ou seja, a comunidade surda é portadora de um bem coletivo com finalidades específicas. Portanto, a pessoa surda é considerada *singular*[83], com características próprias, e a sua identidade pessoal deverá ser tratada com respeito, enquanto membro da comunidade surda, sem prejuízo dos seus direitos individuais.

Por conseguinte, o Estado, em colaboração com a comunidade surda, tem obrigação de promover e assegurar, por exemplo, a presença equitativa da língua gestual, ou seja, o Estado deve, em regra, conceder as prestações fácticas em determinada escola específica e disponível para receber os alunos aprenderem a sua língua. Consequentemente é um interesse coletivo da comunidade, enquanto marco do dever da proteção e promoção do Estado; logo, a titularidade coletiva reside na comunidade surda, pois os interesses coletivos são definidos e concedidos na medida em que os interesses comuns dos membros são reconhecidos coletivamente em prol da proteção e promoção cultural e linguística da comunidade surda, bem como da sua diversidade cultural como riqueza do património cultural – a língua gestual e as idiossincrasias culturais e linguísticas.

Enfim, os direitos individuais e coletivos são regimes, em termos formais, autónomos, mas são, materialmente, interdependentes. As titula-

[83] Segue-se do conceito de princípio de singularidade, conforme com o art. 4.º, de Lei n.º 38/ /2004, da LBPHR.

ridades dos direitos linguísticos são identificadas numa perspetiva individual e coletiva, com base na complementaridade e na subsidiariedade entre as pessoas surdas e a comunidade surda. Esta, vista como grupo de referência, em resultado do art. 24.º, n.º 3, alínea b), da CDPD, é interpretada como *minoria linguística*, na medida em que as pessoas surdas quiseram associar-se em comunidade, exercendo esse direito individual de participar e desenvolver a identidade cultural e linguística no seio de uma comunidade linguística. Consequentemente, as pessoas surdas são vistas como titulares individuais (e originários) dos direitos linguísticos e culturais. Ou seja, as pessoas surdas são vistas como titulares ativos em relação à comunidade surda, como critério supletivo, estando em causa a LGP como primeira língua reconhecida internacionalmente às pessoas surdas.

SECÇÃO IV – Complementaridade entre direitos das minorias e direitos das pessoas com deficiência: o caso das pessoas surdas

As pessoas surdas são protegidas pela interseção de dois instrumentos de proteção sobre as minorias e sobre as pessoas com deficiência, uma vez que as pessoas surdas são vistas como portadoras de diferença, possuindo características muito singulares. Como explica SKLIAR: "A surdez constitui uma diferença a ser politicamente reconhecida; a surdez é uma experiencia visual; a surdez é uma identidade múltipla ou multifacetada e, finalmente, a surdez está localizada dentro do discurso sobre a deficiência."[84]

As próprias pessoas surdas veem-se como minoria e não como um conjunto de pessoas com deficiência, em termos "politicamente corretos". Portanto, ser pessoa surda é ser diferente e não deve receber o rótulo de "deficiente", porque possui particularidades linguísticas e culturais, patentes, nomeadamente, no uso da língua gestual, na identidade cultural e linguística próprias e distintas dos outros grupos em geral.

[84] SKLIAR, Carlos [*et al.*] – *Os Estudos Surdos em Educação: problematizando a normalidade. A Surdez: um olhar sobre as diferenças*, 1998, p. 11.

Os instrumentos de proteção apresentam características semelhantes, visando reforçar a proteção dos direitos das pessoas surdas. Quando se fala de direitos das pessoas surdas, temos de os perspetivar de forma específica, porque estão em causa os *direitos específicos* e um regime *próprio*. Por um lado, referem-se essencialmente a um grupo de pessoas com *direitos específicos*, sem prejuízo do princípio de igualdade em causa, porque os direitos específicos só são concebidos para tornar possível a preservação das características específicas[85], no caso concreto, as particularidades linguísticas e culturais das pessoas surdas. Portanto, os direitos específicos têm como objetivo fundamental, nomeadamente: promover e alcançar a igualdade de oportunidades e acesso pleno ao exercício dos direitos das pessoas surdas. Por outro lado, as pessoas surdas têm um regime jurídico específico em relação ao regime geral das pessoas com deficiência, visando em especial os direitos linguísticos e culturais.

É verdade que ainda é problemático apresentar uma definição exata de *minoria*, mas o conceito de *pessoa surda* não é impedimento; muito pelo contrário, abre caminho ao tratamento como minoria dos membros de uma comunidade que partilha uma característica diferente, neste caso, de origem linguística, independentemente de haver ou não reconhecimento público. Por esta razão, os instrumentos de proteção das minorias reconhecem a qualquer grupo minoritário, independentemente de ter na sua base uma origem étnica ou uma condição social – como, por exemplo, a deficiência –, uma proteção contra a discriminação e o direito ao respeito pela sua diversidade cultural (e linguística), com vista à promoção de igualdade de tratamento, de oportunidades e integração na sociedade. Contudo, as pessoas surdas fazem parte de um determinado grupo, a comunidade surda, vista como minoria linguística no sentido de ser uma minoria sociológica. Ou seja, permanece uma relação de subalternidade em relação ao poder e ao prestígio social. À luz da perspetiva dos direitos das minorias, os direitos das pessoas surdas são vistos como direitos específicos da comunidade surda, cuja titularidade reside no

[85] Cf. NAÇÕES UNIDAS – *Os Direitos das Minorias*, 2004, pp. 6-7. (Ficha Informativa – Gabinete de Direito Comparado).

indivíduo que pertence a esse grupo social. Assim se protegem interesses individuais num âmbito coletivo concreto[86].

Enfim, a CDPD reconhece as características próprias das pessoas surdas como grupo específico, seguindo as várias referências normativas às pessoas surdas e à comunidade surda, atribuindo direitos específicos a essas pessoas, particularmente direitos linguísticos e culturais. Estas pessoas são reconhecidas como tendo direito de usar e comunicar em língua gestual, que é a língua própria da comunidade surda. Por fim, no que toca aos direitos culturais, estas pessoas também possuem uma identidade própria, linguística e cultural, reconhecida pela CDPD.

[86] Cf. Jáuregui, Gurutz – *Derechos individuales versus derechos colectivos. Una realidad inescindible*, 2001, p. 57.

Capítulo II

Os direitos das pessoas surdas tutelados pela Convenção das Nações Unidas sobre os Direitos das Pessoas com Deficiência

La discapacidad es una cuestión de derechos humanos! Repito: la discapacidad es una cuestión de derechos humanos.[87]

BENGT LINDQVIST

SECÇÃO I – Considerações gerais sobre a Convenção

1. Breve evolução histórica dos direitos das pessoas com deficiência

Ao estudarmos a evolução dos direitos das pessoas com deficiência[88] no plano internacional, verificamos que durante os primeiros anos de vida das Nações Unidas não se encontram tratados internacionais de direitos humanos sobre o tema, à exceção de um relatório sobre "A reabilitação social das deficientes".

[87] Discurso de Dr. Bengt Lindqvist, cit. por QUINN, Gerard [*et al.*] – *La autoridad moral para el cambio: los valores de derechos humanos y el proceso mundial de reforma en materia de discapacidad*, 2002, p. 11.

[88] Sobre a evolução dos direitos das pessoas com deficiência, a presente tese acompanha de perto SANJOSÉ GIL, Amparo – *El primer tratado de derechos humanos del siglo XXI: la Convención sobre los Derechos de la Personas con Discapacidad*, 2007, pp. 1-8; PALACIOS, Agustina; BARIFFI, Francisco – *Op. cit.*, pp. 25-48.

Na década de 70, a ONU adotou, pela primeira vez, a Declaração dos Direitos dos Deficientes Mentais e, em 1975, a Declaração dos Direitos dos Impedidos, na qual se reconhecem direitos às pessoas com deficiência em geral. Em 1981, a Assembleia Geral também proclamou o "Ano Internacional das Pessoas Deficientes", com o objetivo de promover uma maior integração e participação destas na vida social e ainda, em 1982, adotou o Programa de Ação Mundial para os Impedidos, com o objetivo de estabelecer uma política e estratégia a longo prazo, relativamente às pessoas com deficiência.

Na década de 1982 a 1992, a ONU adotou as declarações "Década Mundial de Pessoas com Deficiência" e "Diretrizes de Tallin para o Desenvolvimento de Recursos Humanos na Esfera de Impedidos" e "Princípios para a Proteção da Saúde Mental".

De 1993 a 1994, houve uma mudança de paradigma sobre as pessoas com deficiência, consubstanciada num instrumento essencial: "Normas Uniformes sobre Igualdade de Oportunidades para as Pessoas com Deficiência". Este texto não é juridicamente vinculativo, mas permitiu dar um passo em frente para o reconhecimento das pessoas com deficiência como titulares dos direitos humanos, atendendo à proteção e promoção dos direitos das mesmas. Sem dúvida, no ano de 2006 proporcionou-se o momento mais relevante para os direitos das pessoas com deficiência, no âmbito da ONU, com a adoção da CDPD[89] pela Assembleia Geral, o primeiro instrumento de direitos humanos, no século XXI, no contexto específico das pessoas com deficiência[90]. Porquê a adoção desta convenção? Segundo SANJOSÉ GIL,

> [...] a aprovação de uma convenção específica para a proteção dos direitos humanos das pessoas com deficiência é necessária, pois há tempo que se fazia sentir a necessidade de um instrumento jurídico vinculativo que permitisse reconhecer o direito de acesso aos meios e a todos os instrumentos necessários para eliminar todos os tipos de barreiras que, por se ter uma deficiência, impeçam de exercer e desfrutar de todos os direitos.[91]

[89] Resolução da Assembleia Geral n.º 617/106 (13 dez. 2006).
[90] *Vide* SANJOSÉ GIL, Amparo – *Op. cit.*, p. 1.
[91] *Idem*, p. 2. (tradução nossa).

Por outras palavras, é verdade que existem outros instrumentos jurídicos, especialmente na ONU, que oferecem garantias de promoção e proteção dos direitos humanos em geral, como já referido antes. Mas não existe um instrumento jurídico, com força vinculativa, para obrigar os Estados a assegurar e respeitar os direitos humanos das pessoas com deficiência, frequentemente vistas como "objeto de proteção" em vez de serem reconhecidas como seres humanos com direitos e deveres em igualdade de condições com os não-portadores de deficiência. Então, a adoção da CDPD tem como objetivo reafirmar não um mero compromisso mas, acima de tudo, de forma clara e definitiva, os direitos das pessoas com deficiência enquanto uma questão de direitos humanos. Por esta razão, foi necessário aprovar um instrumento juridicamente vinculativo que estabelecesse as obrigações dos Estados de promover, proteger e reconhecer os direitos das pessoas com deficiência. A CDPD é extensa, do ponto de vista dos conteúdos; tem 50 artigos, nos quais se encontram os direitos já reconhecidos por outros instrumentos jurídicos internacionais, nos termos do ponto d) do Preâmbulo, no contexto adaptado às pessoas com deficiência.

2. Objeto da Convenção

Pretendendo uma explanação sucinta sobre direitos humanos, em termos gerais, podemos dizer que são o conjunto de direitos inerentes aos seres humanos, os quais englobam a dignidade, a liberdade e a igualdade do ser humano, direitos esses que são garantidos, respeitados e reconhecidos universalmente por determinado ordenamento jurídico internacional e são aplicáveis à ordem jurídica interna. São vinculativos e serão sempre considerados direitos básicos, universais, interdependentes, indivisíveis e irrenunciáveis para todos[92].

Os direitos das pessoas com deficiência são igualmente considerados como direitos humanos, ou seja, são conjuntos de direitos inerentes às pessoas com deficiência, que implicam o respeito pela dignidade e seus direitos iguais e inalienáveis, tal como acontece às pessoas não-portadoras

[92] *Vide* NAÇÕES UNIDAS. Alto-Comissariado das Nações Unidas para os Direitos Humanos, *Formação em Direitos Humanos. Manual sobre a metodologia da Formação em Direitos Humanos*, 2000, p. 17. [Consult. 10 out. 2010] Disponível em: http://www.gddc.pt/direitos-humanos/Formacao_Profissional_6.pdf

de deficiência. Portanto, são considerados como direitos universais, indivisíveis, irrenunciáveis e interdependentes, e são reconhecidos, garantidos e respeitados por determinado ordenamento jurídico interno. Por conseguinte, a CDPD proclama o artigo 1.º como o seu objetivo principal:

> promover, proteger e garantir o pleno e igual gozo de todos os direitos humanos e liberdades fundamentais por todas as pessoas com deficiência e promover o respeito pela sua dignidade inerente.

Assim, o artigo em questão é proclamado e consagrado como "norma das normas", com aplicação transversal sobre todos os direitos, pois é como uma norma nuclear de direitos humanos. É verdade que a presente CDPD não tem como objetivo criar novos direitos, mas sim assegurar e promover os direitos humanos, no contexto particular das pessoas com deficiência, como afirmou De Asís Roig:

> [...] não consiste num reconhecimento de novos direitos específicos referentes exclusivamente às pessoas com deficiência e justificados na sua identidade e valoração positiva como grupo, como sua identificação, em direitos de que são titulares todos os seres humanos, das necessidades "extras" que devem ser garantidas para as pessoas com deficiência, dada a situação em que se encontram, podendo desfrutar deles em igualdade de condições como as restantes e em contextos em que a proteção destes direitos deve ser reforçada porque se foram tornando mais vulneráveis.[93]

Então, a CDPD reconhece e garante a todas as pessoas com deficiência, independentemente da sua natureza, a titularidade dos direitos reconhecidos pela própria CDPD e outros instrumentos jurídicos, deixando de ser vistas como "objeto" de proteção, como já foi referido nos modelos históricos de deficiência. Segundo Palacios, o objetivo fundamental, com base no artigo em questão, é o princípio da não-discriminação, para se adaptar às normas existentes dos instrumentos jurídicos dos direitos humanos no contexto específico das pessoas com deficiência, ou melhor, significa o estabelecimento dos mecanismos para garantir o exercício dos

[93] De Asís Roig, Rafael [*et al.*] – *La Convención Internacional...*, p. 13.(tradução nossa).

direitos humanos por parte das pessoas com deficiência, em igualdade de condições[94].

Palacios reforça a afirmação sobre o objetivo da Convenção com base no princípio da não-discriminação. Cito:

> O objeto, portanto, não cria novos direitos, mas assegura o uso do princípio da não-discriminação em cada um dos direitos, para que possam ser exercidos em igualdade de oportunidades por parte das pessoas com deficiência. Deste modo, deve identificar, para regular cada direito, quais são as necessidades extras que devem garantir, para conseguir adaptar os ditos direitos no contexto específico da deficiência. Assim, enquanto a não-discriminação é um princípio vital da Convenção, não se deve esquecer que o dito princípio interage com cada um dos direitos substantivos que o instrumento regula.[95]

Para compreendermos o alcance jurídico do artigo em concreto, note-se que contém três termos fundamentais: *promover*, *proteger* e *garantir*, que são definidos como o conjunto essencial do *núcleo mínimo* dos direitos humanos, garantidos e assegurados pela própria Convenção, que não pode reduzir nem limitar o núcleo essencial do exercício da dignidade da pessoa humana e do respeito pelos direitos humanos. Por outras palavras, o Estado tem obrigação de promover, proteger e aplicar o efetivo cumprimento dos direitos humanos e, como bem disse Rosales, não o reduzindo a uma *mera declamação*[96], com base nos princípios em questão.

3. Princípios fundamentais da Convenção

Nos termos do art. 3.º, que define e consagra os princípios fundamentais no contexto específico das pessoas com deficiência em geral e das pessoas surdas, em particular, deve compreender-se:

a) respeito pela dignidade inerente, autonomia individual, incluindo a liberdade de fazer as suas próprias escolhas, e independência das pessoas;
b) não-discriminação;

[94] Palacios, Agustina; Bariffi, Francisco – *Op. cit.*, p. 55.
[95] *Idem*, pp. 55-56 (tradução nossa).
[96] Cf. Rosales, Pablo Oscar – *La nueva Convención Internacional sobre los Derechos de las Personas con Discapacidad.* [Consult. 21 nov. 2010] Disponível em: http://www.pablorosales.com.ar/

c) participação e inclusão plena e efetiva na sociedade;
d) respeito pela diferença e aceitação das pessoas com deficiência como parte da diversidade humana e humanidade;
e) igualdade de oportunidades;
f) acessibilidade;
g) igualdade entre homens e mulheres;
h) respeito pelas capacidades de desenvolvimento das crianças com deficiência e respeito pelo direito das crianças com deficiência a preservarem as suas identidades.

Por conseguinte, o presente artigo deve ser interpretado e aplicado em correlação com o resto dos artigos. Para compreendermos melhor, socorremo-nos de PALACIOS[97], que resume os princípios mais relevantes da Convenção.

Em primeiro lugar, o *princípio da dignidade*, previsto na alínea a), que se encontra intimamente interligado com o da *dignidade, autonomia* e *independência*. A dignidade da pessoa humana, no caso das pessoas com deficiência, afirma QUINN[98], deve ser perspetivada a partir de KANT, com a afirmação de que "todas as pessoas são fins em si mesmas". Portanto, o princípio da dignidade humana é visto como norma básica dos direitos humanos. Citando QUINN:

> A dignidade humana é a norma básica dos direitos humanos. Todas as pessoas têm um valor inestimável e nada é insignificante. As pessoas têm de ser valorizadas não só porque são úteis, do ponto de vista económico ou outro, mas sim pelo seu valor intrínseco.[99]

A dignidade está relacionada com a autonomia e a independência, ou seja, "baseia-se num pressuposto prévio de uma capacidade de ação e de comportamento autodirigidos"[100].

Por outras palavras, as pessoas com deficiência são "moral e conscientemente livres" para decidirem a sua vida, em qualquer situação, sem

[97] PALACIOS, Agustina; BARIFFI, Francisco – *Op. cit.*, pp. 73-100.
[98] *Idem*, p. 74; QUINN, Gerard [*et al.*] – *Op. cit.*, pp. 11-12.
[99] QUINN, Gerard [*et al.*] – *Op. cit.*, pp. 11-12. (tradução nossa).
[100] *Idem*, p. 13. (tradução nossa).

interferências indevidas, em igualdade de condições com as pessoas não--portadoras de deficiência. Por conseguinte, como salienta PALACIOS, a dignidade da pessoa com deficiência implica a sua inclusão no seio da sociedade e o direito a ser respeitada e tratada de forma independente em qualquer contexto, sem restrições discriminatórias[101]. Este princípio é aplicável à luz do art. 19.º, que regula o direito das pessoas com deficiência a viverem de forma independente e a serem incluídas na comunidade, com base na ideia da alínea a).

Em segundo lugar, o *princípio da igualdade*, que se baseia nas alíneas b), c), d) e e), sobre o qual QUINN afirmou:

> A igualdade humana, um valor relacionado, é também básica num sistema de liberdades fundamentais que postula a legislação de direitos humanos. A sua premissa fundamental é que todas as pessoas possuem não só um valor intrínseco inestimável mas que também são intrinsecamente iguais em relação ao seu valor, independentemente das suas diferenças. Assim, as distinções entre pessoas baseadas nos fatores que são arbitrários do ponto de vista moral (raça, género, idade, deficiência) devem ser tratadas como se não tivessem fundamento racional e, portanto, devem ser considerados inválidas. Isto não equivale a decidir que não existem diferenças entre as pessoas. Em termos positivos, significa que uma sociedade autenticamente igualitária é aquela que adota um critério positivo a respeito das diferenças humanas e as tem em conta de forma positiva. Esta valorização da diferença humana é o objetivo do critério de conceito social e também está validada pela perspetiva de direitos humanos.[102]

Por outras palavras, requer medidas ativas por parte do Estado para apoiar essas pessoas, com respeito pela sua diferença e aceitação como parte da diversidade da condição humana, no sentido de alcançarem a participação e a inclusão plena e efetiva na sociedade[103]. Portanto, o presente princípio remete para o art. 5.º, que menciona especificamente a ideia de igualdade. Esta tem também a ver com a alínea g), em que se

[101] Cf. PALACIOS, Agustina; BARIFFI, Francisco – *Op. cit.*, p. 78.

[102] QUINN, Gerard [*et al.*] – *La autoridad moral...*, p. 13 (tradução nossa).

[103] PALACIOS, Agustina; BARIFFI, Francisco – *Op. cit.*, p. 83.

insiste numa atenção especial, por parte do Estado, no combate às desigualdades, encontrando-se regulada nos vários artigos[104].

Em terceiro lugar, surge o *princípio da acessibilidade universal*, baseado na alínea f), princípio que está interligado com o *princípio da igualdade* no sentido material. O presente princípio é regulado pelo artigo 9.º, em qualquer situação. Por exemplo, a falta de acessibilidade viola este princípio imediatamente, traduzindo-se numa discriminação por falta de adaptação razoável, de acordo com o art. 2.º

Em relação ao último princípio, o *princípio do respeito pela diferença e pela identidade própria*, que se encontra nas alíneas d) e h), de acordo com Palacios, está relacionado com a promoção das pessoas com deficiência na vida cultural[105]. Este princípio é aplicável à luz dos vários artigos[106], por exemplo, o direito a participar na vida cultural.

4. O catálogo dos direitos tutelados à luz da CDPD

Socorrendo-nos de Palacios[107], a CDPD dispõe acerca de cinco conjuntos de direitos.

Os *direitos de liberdade* têm por objetivo garantir a liberdade e autonomia pessoal das pessoas com deficiência e não interferir na esfera da vida pessoal e familiar[108], por exemplo: o direito à liberdade e segurança individual em qualquer situação (art. 14.º); o direito à circulação, a eleger a sua residência e à nacionalidade (art. 18.º); o direito a viver com autonomia e independência na vida pessoal e na comunidade que se elege e em que se participa (art. 19.º); o direito à mobilidade pessoal com a maior independência possível nos serviços públicos e privados (art. 20.º).

Os *direitos de igualdade* são constituídos da seguinte forma: o direito à igualdade e à não-discriminação em todos os contextos (art. 5.º); o direito a ter acesso, para permitir e facilitar o exercício dos seus direitos, em qualquer contexto, na sua vida quotidiana, em igualdade de condições, sem barreiras de índole física ou comunicativa ou de outra espécie que impeça o exercício pleno de direitos (art. 9.º); o direito a ser reconhecido

[104] *Vide* alíneas p), q), s), do Preâmbulo; arts. 6.º, 8.º, 16.º, 25.º, 28.º

[105] Cf. Palacios, Agustina; Bariffi, Francisco – *Op. cit.*, p. 94.

[106] *Vide* arts. 4. º, 23. º, 24. º, 30. º

[107] Palacios, Agustina; Bariffi, Francisco – *Op. cit.*, pp. 101-127.

[108] *Idem*, p. 113.

como pessoa que tem personalidade e capacidade jurídicas, para exercer plenamente os direitos em todos os aspetos da vida (art. 12.º)[109]; o direito ao acesso à justiça em igualdade de condições (art. 13.º).

Os *direitos de proteção* referem-se ao direito à vida (art. 10.º); a proteção de situações de risco e emergências humanitárias (art. 11.º); a proteção contra a tortura e maus-tratos ou penas cruéis, desumanas ou degradantes (art. 15.º); a proteção contra a exploração, violência e abuso (art. 16.º); o direito à integridade pessoal (art. 17.º); o direito à privacidade da vida pessoal e familiar (art. 22.º); o direito ao domicílio e à família (art. 23.º).

[109] A Convenção reconhece claramente às pessoas com deficiência o direito a terem personalidade e a capacidade jurídica, nos termos do artigo 12.º, n.º 1 da CDPD: "[...] as pessoas com deficiência têm o direito ao reconhecimento perante a lei da sua personalidade jurídica em qualquer lugar." E, quanto à capacidade jurídica, segundo o n.º 2 do mesmo artigo, "[...] as pessoas com deficiência têm capacidade jurídica, em condições de igualdade com as outras, em todos os aspetos da vida." No âmbito do Direito português, a Constituição reconhece que todos têm o direito fundamental à capacidade civil, nos termos do art. 26.º, n.º 1, da CRP, em conjugação com o art. 16.º, n.º 2, da CRP, e com o art. 6.º da DUDH, e, ainda, admite as causas restritivas da capacidade civil, segundo o n.º 4 do art. 26.º, nos termos previsto na lei a desenvolver, ou seja, só pode haver limitações desde que sejam proporcionais e adaptadas às circunstâncias da própria pessoa, sem prejuízo da titularidade daquela pessoa dos direitos fundamentais, e sempre no respeito pela justa medida, ou seja, a proporcionalidade entre o grau de incapacidade e a restrição dos direitos e interesses da pessoa. As normas do Direito Civil preveem a possibilidade de interdição e de inabilitação para as situações de surdez-mudez – denotando um entendimento segundo o qual a surdez-mudez afeta a capacidade de entendimento, de acordo com os arts. 138.º e 152.º do Código Civil. As pessoas surdas que "se mostrem incapazes de governar suas pessoas e bens" à luz do art. 138.º ou "se mostrem incapazes de reger convenientemente o seu património" nos termos do art. 152.º do Código Civil? A minha posição é a de que o regime de interdição e da inabilitação das pessoas com surdez-mudez é absurdo, nem fazendo sentido no contexto do séc. XXI, e estas normas são desproporcionais e ultrapassam o limite do aceitável, pois as pessoas surdas têm toda a capacidade moral para decidir qualquer aspeto sobre a sua vida e o seu património. A nossa conclusão é a de que o regime juscivilista de interdição e inabilitação vulnera o princípio de igualdade e de não-discriminação em razão da deficiência, consequentemente, poderiam ser inconstitucionais à luz do art. 13.º, n.º 2, da CRP: "Ninguém [pessoas com deficiências] pode ser [...] prejudicado, privado de qualquer direito [...] em razão de [deficiência]". E também o art. 71.º da CRP prevê que "os cidadãos portadores de deficiência [...] gozam plenamente dos direitos [...] com ressalva do exercício ou do cumprimento daqueles para os quais se encontrem incapacitados." E as normas do Código Civil podem estar em desconformidade com a norma do art. 12.º da CDPD, que consagra o princípio do reconhecimento perante a lei da personalidade e capacidade jurídicas em qualquer lugar.

Por sua vez, os *direitos de participação* dizem respeito à participação na vida política e pública (art. 29.º); na vida cultural, nas atividades recreativas, lazer e desporto (art. 30.º).

Por último, os *direitos com caráter social* abrangem o direito à educação (art. 24.º); o direito à saúde (art. 25.º); o direito à habilitação e reabilitação (art. 26.º); o direito ao trabalho e ao emprego (art. 27.º); o direito a ter um nível de vida e proteção social adequados (art. 28.º).

SECÇÃO II – A tutela da Convenção sobre os direitos das pessoas surdas

Las lenguas no son solamente un medio de comunicación, sino que representan también la estructura misma de las expresiones culturales y son portadoras de identidad, valores y concepciones del mundo.[110]

UNESCO

Em termos preliminares, a CDPD reconhece às pessoas surdas *direitos específicos*, pelas suas particularidades linguísticas e culturais, enquanto titulares de direitos humanos. Por esta razão, o objeto da presente secção é compreender e analisar os direitos reconhecidos pela CDPD, ou seja, o regime jurídico dos direitos das pessoas surdas.

1. Os direitos linguísticos à luz do artigo 21.º da Convenção

La lengua tiene una importancia primordial. Si la lengua se salva, se salvará todos.[111]

JORDI PUJOL

1.1. O tratamento jurídico da língua e dos direitos linguísticos

Em termos sucintos, a *língua* é considerada essencialmente como veículo de comunicação e modo de expressão entre várias pessoas. Eduardo GOMES afirma claramente que a língua é uma forma de expressão cultu-

[110] UNESCO – *Invertir en la diversidad cultural y el diálogo intercultural* (Report) 2009, p. 13. [Consult. 21 nov. 2010] Disponível em: http://unesdoc.unesco.org/images/0018/001847/184755s.pdf

[111] ARTETA, Aurelio – *In principio erat verbum (sobre la política lingüística vasca)*, 2000, p. 121.

ral e o seu exercício representa a condição essencial para que a pessoa possa exercer o referido direito fundamental, ou seja, a língua[112]. Consequentemente, os *direitos linguísticos* estão sempre em correlação com os direitos culturais, especialmente a identidade cultural e linguística, pois esta é vista como portadora do bem cultural vetor do património cultural imaterial[113].

É verdade que o tratamento da língua como estatuto jurídico pode ser, de acordo com Alessandro PIZZORUSSO, desdobrado em quatros finalidades diferentes:

> primeira, a língua como um aspeto da forma dos atos juridicamente relevantes; segunda, a língua como signo capaz de expressar a vontade do sujeito que a usa em afirmar a própria pertença a uma cultura ou a uma nação e, por conseguinte, como uma manifestação de opinião tendente a valorar tal pertença; terceira, a língua como fator de reconhecimento da pertença do sujeito que a usa a um grupo social que tem um estatuto jurídico particular no âmbito do ordenamento estatal considerado; quarta, a língua como bem cultural suscetível de proteção que segue modalidades similares às utilizadas comummente em relação a todos os outros bens culturais.[114]

No que concerne à língua gestual, a CDPD proclama e reconhece definitivamente a língua gestual como *língua* (não como *linguagem*[115]), nos termos do art. 2.º, da CDPD:

> "Comunicação" inclui linguagem, exibição de texto, braille, comunicação táctil, carateres grandes, meios multimédia acessíveis, assim como modos escrito, áudio, linguagem plena, leitor humano e modos aumentativo e alternativo, meios e formatos de comunicação, incluindo tecnologia de informação e comunicação acessível.

[112] GOMES, Eduardo Biacchi; BOTH, Laura Garbini – *Cultura, Democracia e Idioma: O Direito das Minorias*, 2009, p. 9.

[113] Cf. arts. 1.º e 2.º, da CSPCI.

[114] PIZZORUSSO, Alessandro – *Libertad de Lengua y Derechos Lingüísticos: Un Estudio Comparado*, 1987, p. 16 (tradução nossa).

[115] De acordo com Wikipédia (enciclopédia livre): "A linguagem refere-se à capacidade ou faculdade de exercitar a comunicação, latente ou em ação ou exercício."

> "Língua"[116] inclui a linguagem falada e língua gestual e outras formas de comunicação não faladas [...]

Por outras palavras, a *língua gestual* é vista como *meio de comunicação*, reconhecido pela CDPD, que possui estruturas gramaticais próprias, equiparando-se a outras línguas, por exemplo, a língua portuguesa, e é vista como a língua associada à identidade cultural das pessoas surdas. Para compreendermos e caracterizarmos concretamente a língua gestual, no caso concreto da LGP, do ponto de vista do seu *estatuto linguístico*:

> A LGP é uma língua visuomotora, cuja produção se processa através dos gestos e das expressões, facial e corporal, e cuja perceção se realiza através da visão. Esta língua é utilizada por pessoas surdas portuguesas na sua comunicação, sendo uma marca importante da sua identidade. É o elemento mais unificador na comunidade surda, enquanto meio de transmissão de valores e da herança cultural das pessoas surdas.[117]

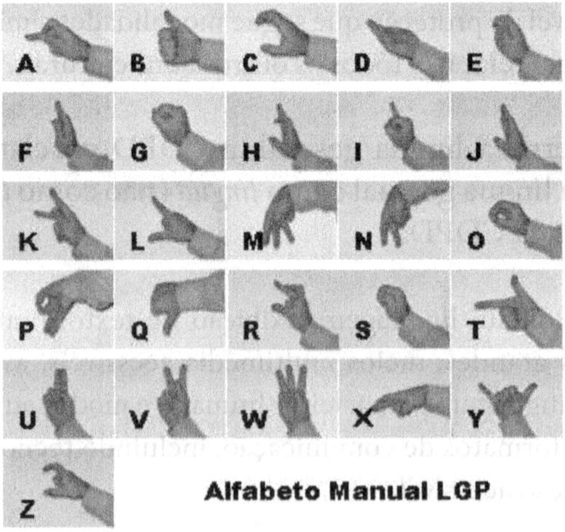

Alfabeto Manual LGP

Ou seja, a LGP tem uma estrutura própria, baseada em gestos e não em palavras, neste caso da língua portuguesa. Frequentemente, existe uma ideia errónea de que as línguas gestuais são universais, mas não o

[116] O termo *language*, em inglês, pode ser entendido como língua ou linguagem.
[117] Ministério da Educação – *Op. cit.*, p. 8.

são, na medida em que são independentes e autónomas em cada país e têm uma língua própria em cada território.

Em relação ao significado dos *direitos linguísticos*, a nossa perspetiva entende que estes são vistos igualmente numa lógica de direito à língua, ou seja, existe o direito de comunicar quaisquer expressões formuladas numa determinada língua e esta é considerada como expressão da essência da pessoa[118]. Portanto, faz parte da identidade pessoal, para comunicar, expressar, aceder e ser atendido na língua escolhida, princípio sempre assistido pelo respeito pela dignidade humana, a liberdade de expressão, a igualdade e a não-discriminação da língua.

Assim, os direitos linguísticos são vistos como essência da diversidade cultural e do respeito à língua de acordo com os valores que afirmam a identidade cultural da pessoa surda[119], pois a língua e a cultura são aquilo que define a personalidade de uma pessoa, sendo tratadas como bens culturais, no âmbito dos direitos linguísticos e culturais, abrangidos pelos direitos humanos.

Os direitos linguísticos implicam o respeito pela escolha da língua, para a pessoa se expressar e/ou comunicar, sendo este direito visto concretamente como *liberdade linguística*, integrando o conceito-vetor de liberdade de expressão, tal como a liberdade de utilizar a língua.

A liberdade linguística tem duas finalidades distintas: por um lado, a liberdade linguística *lato sensu* – a liberdade linguística no uso comum, ou seja, no âmbito da liberdade de expressão e de comunicação, reconhecida ao nível internacional (por exemplo, art. 21.º, da CDPD) e constitucional (art. 37.º, da CRP). Por conseguinte, a liberdade linguística *lato sensu* é considerada como liberdade da pessoa, para expressar, comunicar, aceder e ser atendida na língua que eleger no contexto dos atos comunicativos da esfera essencialmente privada e familiar. Consequentemente, os titulares da liberdade linguística *lato sensu* podem expressar-se nessa língua em público e em privado, livremente e sem interferências indevidas do Estado ou de terceiros[120]. Por outro lado, temos a liberdade lin-

[118] *Vide* Soares, Inês Virgínia Prado – *Op. cit.*, p. 84; Soriano, Ramón – *Los derechos de las minorías*, 1999, p. 97.

[119] *Idem, ibidem.*

[120] Sobre a liberdade linguística em sentido amplo, cf. Vernet i Liobet, Jaume; Pou i Pujolràs Augustí – *Derechos y deberes lingüísticos en las Comunidades Autónomas con lengua propia*, 2006,

guística *stricto sensu* – a liberdade linguística na relação do indivíduo com os poderes públicos, ou seja, o direito ao uso de uma determinada língua como língua oficial, que é uma categoria jurídica autónoma[121], consubstanciando-se num reconhecimento público de estatuto de oficialidade de uma dada língua. O seu tratamento jurídico, como salienta PÉREZ FERNÁNDEZ, passa a ser uma chave de ordenamento jurídico desse Estado na relação com os direitos linguísticos[122]. O reconhecimento formal e material do estatuto de oficialidade de uma língua implica, efetivamente, um nível mais alto de proteção dos direitos linguísticos e seus efeitos práticos deste reconhecimento[123].

Enfim, o titular dos direitos linguísticos tem o direito, essencialmente individual, de utilizar a língua oficial para comunicar e informar os poderes públicos, sem discriminação em razão da língua escolhida. Por fim, é verdade que, quando se trata de usos de línguas nos diferentes contextos, é preciso ter sempre em conta os limites no alcance do reconhecimento de uma língua, ou seja, o próprio estatuto de oficialidade regula os usos da língua, com caráter oficial *pleno* ou *semipleno*[124].

1.2. O estatuto jurídico da língua gestual como língua de pleno direito e o alcance jurídico da língua oficial

Relembramos que o reconhecimento dos direitos linguísticos dos titulares implica uma declaração, expressa ou implícita, de reconhecimento público, por parte do Estado, o que se verifica em duas frentes: em primeiro lugar, pelo *princípio do pluralismo linguístico*, que, segundo PÉREZ FERNÁNDEZ, consiste num compromisso do Estado quanto à proteção e promoção das demais línguas como bem cultural em prol da diversidade linguística e respeito pelas suas características linguísticas e culturais

p. 157; PÉREZ FERNÁNDEZ, José Manuel – *Principios del régimen juridicolingüísticos: en especial, el estatuto de oficialidad*, 2006, p. 27; cf. também SORIANO, Ramón – *Op. cit.*, pp. 101-102.

[121] É interessante verificar que as NAÇÕES UNIDAS (Comentário n.º 23 sobre o art. 27.º, do PIDCP, para. 5.3. (1994)) afirmam que o direito a usar a língua própria é um "direito autónomo" em relação à liberdade de expressão, porque esta liberdade pertence a qualquer pessoa, em sentido amplo, e aquele direito é um direito específico dos membros de uma minoria, pelo menos linguística.

[122] Cf. PÉREZ FERNÁNDEZ, José Manuel – *Op. cit.*, p. 27.

[123] PÉREZ FERNÁNDEZ, José Manuel – *Op. cit.*, p. 27.

[124] CF. PÉREZ FERNÁNDEZ, José Manuel – *Op. cit.*, p. 42.

próprias[125]; em segundo lugar, pelo *princípio da oficialidade linguística*, compreendido, segundo PÉREZ FERNÁNDEZ, como uma concretização efetiva do princípio do pluralismo linguístico, sendo que a língua em questão se assume como língua oficial, tendo em conta o alcance de estatuto daquela língua[126].

É verdade que o Estado pode reconhecer *formalmente* uma língua como *língua oficial* e, no caso de não haver uma declaração formal, pode ser *materialmente* reconhecida como língua com caráter oficial, com efeitos jurídicos equiparados ao estatuto da língua oficial[127]. Ou seja, o Estado reconhece os *usos oficiais* da língua por parte dos titulares dos direitos linguísticos nos contextos oficiais, por exemplo, nos serviços públicos. Por conseguinte, quando se produz um reconhecimento por parte do Estado estabelece-se, explícita ou implicitamente, um estatuto jurídico da língua, que supõe atribuir à mesma o "nível mais alto de reconhecimento e proteção"[128].

Estes princípios – o pluralismo linguístico e a oficialidade linguística – são, fundamentalmente, princípios orientadores para reconhecer e definir o *estatuto de uma língua*, em especial as línguas minoritárias. Citando REVENGA SÁNCHEZ:

> [...] oficializar uma língua, qualquer língua é um ingrediente básico da *emotio* do Estado constitucional, talvez o seu ingrediente na essência, pois a língua é o canal mais básico de integração, no marco do Estado constitucional entendido como Estado de cultura. [...] Mas a língua não é, como o hino ou a bandeira, uma criação artificial cujo valor é reconhecido. As línguas são formações naturais, assumidas pelos indivíduos e incorporadas no seu ser mais profundo [...] Oficializar uma língua é também, muitas vezes, uma forma de reafirmar a identidade nacional.[129]

[125] Cf. PÉREZ FERNÁNDEZ, José Manuel – *Op. cit.*, p. 30.

[126] *Idem*, p. 35.

[127] *Idem*, p. 35.

[128] *Idem*, p. 30.

[129] REVENGA SÁNCHEZ, Miguel – *Notas sobre oficialidad lingüística y cultura constitucional*, 2005, p. 130 (tradução nossa).

Para o presente objeto de análise, vamos examinar o significado de *língua oficial* e as suas consequências jurídicas na prática. É verdade que o direito constitucional (e, também, o direito comparado), até agora não definiu concretamente o conceito de língua oficial. Em Portugal, o significado de língua oficial é compreendido em sentido amplo:

> [...] o Estado determina qual a língua que deve ser utilizada nas relações administrativas e internacionais e na escolarização. A sua escolha resulta de uma opção política e é decidida em função de vários fatores, nos quais se incluem o lugar que essa língua ocupa nas instituições internacionais, o número de falantes que a usam como língua materna ou a necessidade de reforçar a unidade nacional pela utilização de uma língua comum para as funções indicadas.[130]

Socorremo-nos de uma análise comparativa com a jurisprudência do Tribunal Constitucional espanhol, que entende a *língua oficial* como

> [...] independentemente da sua realidade e peso como fenómeno social, quando é reconhecida pelos poderes públicos como meio normal de comunicação em e entre eles e nas suas relações com os sujeitos privados, com validade plena e efeitos jurídicos.[131]

Millan i Massana explica claramente o conceito jurisprudencial supracitado:

> [...] a declaração de oficialidade pode ter lugar de um modo expresso ou simplesmente tácito, considerando que significa que "o Estado reconhece os veículos de comunicação que resultarão válidos e eficazes nas relações jurídicas de natureza pública"; por outras palavras, dar a uma língua o caráter de oficial significa adotá-la como veículo de comunicação, nos seus diver-

[130] Projeto Diversidade Linguística na Escola Portuguesa. [Consult. 5 nov. 2010] Disponível em: *www.iltec.pt/divling/_pdfs/cdl_apresentacao.pdf* ; cf. também Miranda, Jorge; Medeiros, Rui – *Op. cit.*, pp. 204-205; Canotilho, J. J. Gomes; Moreira, Vital – *Constituição República Portuguesa Anotada. Vol. I*, 2007, pp. 291-292.

[131] STCE n. º 82/1986. (Recurso de inconstitucionalidad n.º 169/1983) BOE n.º 159. Suplemento del TC (4/07/1986). 20-28 (tradução nossa).

sos níveis (intracomunicação, intercomunicação e extracomunicação), dos poderes públicos, e reconhecê-la, analogamente, como veículo de relação dos cidadãos para os poderes públicos.[132]

Por outras palavras, segundo a nossa perspetiva, a *língua oficial* é vista como instrumento de comunicação, reconhecida pelo Estado, explícita ou implicitamente, juridicamente válida e eficaz[133], para ser utilizada, habitual e quotidianamente, pelos diferentes destinatários dos meios de comunicação nos diferentes contextos[134].

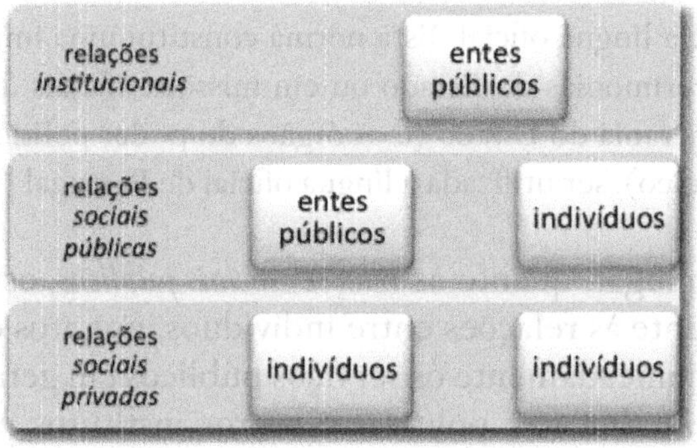

Em primeiro lugar, as *relações institucionais* são o meio de comunicação adotado pelo Estado, nos atos comunicativos entre *entes públicos*, essencialmente órgãos do Estado, em âmbito oficial, nomeadamente em procedimentos legislativos, administrativos, judiciais, políticos e outros eventos de caráter público.

Remetendo novamente para o art. 11.º, n.º 3, da nossa Constituição, em que se estabelece o português como língua oficial, Jorge MIRANDA menciona algumas das implicações jurídicas de língua oficial:

132 MILIAN I MASSANA, Antoni – *Público y privado en la normalización lingüística*, 2000, p. 91.(tradução nossa).

133 Cf. PÉREZ FERNÁNDEZ, José Manuel – *La tutela de las lenguas regionales o minoritarias estatutarias y su encaje en el modelo constitucional español: ¿un* tertium genus *en el reconocimiento de los derechos lingüísticos?*, 2010, p. 163.

134 Cf. PUIG SALELLAS, Josep M. – *La doble oficialitat lingüística del Tribunal Constitucional*, 1986, pp. 109-110.

> o uso exclusivo do português pelos titulares, pelos órgãos do Estado, pelas regiões autónomas e pelo poder local, bem como quaisquer entidades públicas, tanto no país como no estrangeiro; a produção em português de todos os atos do Estado e de todos os procedimentos e processos a eles atinentes (políticos, legislativos, administrativos, jurisdicionais); a publicação em português de todos os diplomas emitidos por esses órgãos; a comunicação entre todos os órgãos e serviços do Estado e de quaisquer entidades públicas em português.[135]

Gomes CANOTILHO entende igualmente que

> o português é a língua oficial. Esta norma constitui uma imposição no sentido de, em cerimónias do Estado ou em missões oficiais dos titulares dos órgãos de soberania do Estado (e os órgãos do poder político regional e do poder autárquico), ser utilizada a língua oficial de Portugal [...].[136]

Em segundo lugar, quanto às *relações sociais públicas*, estas referem-se fundamentalmente às relações entre indivíduos, nos atos comunicativos com o Estado, nomeadamente os serviços públicos em geral, autoridades administrativas, judiciais e políticas e outros institutos públicos[137]. Por outras palavras, o uso da língua de caráter *social público*, ou seja, entre os indivíduos e os poderes públicos, é visto como, nas palavras de PÉREZ FERNÁNDEZ,

> [...] direito público subjetivo de conteúdo positivo, pois o seu exercício efetivo implica a aceitação ativa e passiva da língua por parte do Estado, assim como o reconhecimento de plenos efeitos jurídicos a seu uso [...] as relações entre os cidadãos e os poderes públicos é que a língua se converte, como já indicamos, em objeto de regulação jurídica. Isto é, porque a língua passa a ser um meio de comunicação entre os cidadãos e os poderes públicos, e é, também, essencial para dar segurança às relações jurídicas entre eles [...].[138]

[135] Cf. MIRANDA, Jorge; MEDEIROS, Rui – *Op. cit.*, pp. 204-205.

[136] CANOTILHO, J. J. Gomes; MOREIRA, Vital – *Op. cit.*, p. 292.

[137] Abrangendo todos os órgãos da Administração Pública, conforme o art. 2.º, de Código do Procedimento Administrativo. *Vide* FERNÁNDEZ LIESA, Carlos R. – *Marco jurídico internacional de los derechos lingüísticos*, 2000, p. 253.

[138] PÉREZ FERNÁNDEZ, José Manuel – *Op. cit.*, p. 25 (tradução nossa).

Portanto, está em causa *a liberdade linguística na relação do titular com os poderes públicos*, baseada nos *princípios de não-discriminação e da igualdade* de comunicação.

Em terceiro lugar, no que toca às *relações sociais privadas*, estas referem-se fundamentalmente aos conjuntos de relações da esfera estritamente pessoal, entendidas em sentido amplo, incluindo as relações familiares, sociais e comerciais entre os indivíduos nos atos comunicativos de natureza privada[139]. Por outras palavras, o uso da língua de caráter *social privado*, contrariamente às relações sociais públicas, é compreendido, na palavra de PÉREZ FERNÁNDEZ, como uma "manifestação concreta da liberdade de expressão"[140], ou seja, os indivíduos têm direito a manifestar-se ou expressar-se em qualquer língua, sem interferências indevidas por parte do Estado, pelo menos nos atos comunicativos privados[141].

Portanto, trata-se da *liberdade linguística no uso comum*, ou seja, o exercício da língua em que o indivíduo prefere expressar-se em qualquer local, público ou privado. Expressar-se nessa língua é fundamentalmente compreendido

> [...] como expressão de património cultural imaterial de um povo, como visão de um mundo e uma cultura particular, [que] se desenvolve na esfera própria da liberdade do Homem, goza de espontaneidade, esta é entendida como a influência dos condicionamentos que operam indiretamente sobre a evolução da mesma à margem de uma ação controladora do poder.[142]

Em relação ao alcance do estatuto de oficialidade, a língua é tratada como categoria jurídica autónoma, dotada de declaração política de um determinado Estado em relação às demais línguas[143]. Seguindo PÉREZ FERNÁNDEZ, o estatuto de oficialidade linguística, formal ou material, pode implicar, por um lado, como *conteúdo positivo*[144]:

[139] FERNÁNDEZ LIESA, Carlos R. – *Op. cit.*, p. 253.
[140] Cf. PÉREZ FERNÁNDEZ, José Manuel – *Op. cit.*, p. 25.
[141] *Idem, ibidem.*
[142] *Idem, ibidem* (tradução nossa).
[143] *Idem*, p. 35.
[144] *Idem*, pp. 39-40.

(a) o *direito de uso ativo* perante terceiros por parte do próprio Estado e/ou pelos indivíduos em geral;
(b) o *direito a ser atendido* por poderes públicos numa determinada língua;
(c) o *direito de conhecer a língua*, em correlação com o direito à educação da/em língua oficial;
(d) a *obrigação do Estado de promoção pública da língua* em determinados âmbitos, por exemplo, a comercialização de produtos[145].

Por outro lado, quanto ao *conteúdo negativo*, o estatuto de oficialidade pode implicar, pelo menos, o *dever de conhecimento da língua*, por parte dos indivíduos[146].

A questão que se coloca entretanto é a seguinte: os indivíduos podem escolher qualquer língua nas *relações sociais públicas*? Imagine que a pessoa alemã quer falar na língua alemã nos serviços públicos, por exemplo, na Segurança Social. Este serviço público pode recusar este atendimento àquela pessoa? Ou melhor: se uma pessoa surda utilizar a língua gestual nos serviços públicos, pode ser-lhe recusado o atendimento? Como qualificamos os direitos linguísticos das pessoas surdas em relação com o caráter oficial da LGP? Nos seguintes pontos retomaremos estas questões.

1.3. A LGP como língua minoritária com estatuto de cooficialidade linguística

A língua minoritária pode ser vista igualmente como *língua própria*. A DUDL define língua própria da comunidade linguística no seu art. 1.º:

> [...] [considera-se] comunidade linguística toda a sociedade humana que, radicada historicamente num determinado espaço territorial, reconhecido ou não, se identifica como povo e desenvolveu uma língua comum como

[145] Miranda também acrescenta sobre o alcance de língua oficial: "a informação aos consumidores em português; o uso da língua portuguesa em informações e instruções relativas a máquinas e outros utensílios; senão a necessidade, pelo menos a possibilidade de proibição de nomes comerciais em línguas estrangeiras." Miranda, Jorge; Medeiros, Rui – *Op. cit.*, p. 205.

[146] Cf. Pérez Fernández, José Manuel – *Op. cit.*, p. 41. A língua oficial implica o princípio de obrigatoriedade para as crianças aprenderem a língua. Segundo Miranda, "o ensino em português em todas as escolas públicas, privadas e cooperativas [...]" Miranda, Jorge; Medeiros, Rui – *Op. cit.*, p. 205.

> meio de comunicação natural e de coesão cultural entre os seus membros. A denominação língua própria de um território refere-se ao idioma da comunidade historicamente estabelecida neste espaço [...]

Por outras palavras, o significado de *língua própria*[147] corresponde ao meio de comunicação natural e de coesão cultural entre os titulares que falam uma mesma língua como característica fundamental da identidade linguística da sua comunidade. Por conseguinte, a língua minoritária pode ser considerada como língua própria por ter por base o elemento definidor da identidade linguística da comunidade, que se torna "espaço social e funcional indispensável ao pleno desenvolvimento da língua", segundo o art. 1.º n.º 2, da DUDL.

Em relação ao alcance deste estatuto da língua minoritária, percebemos que tem um caráter essencialmente cultural, ou seja, tem como objeto o respeito e promoção da língua em questão e a identidade linguística dos seus falantes em prol da diversidade linguística e cultural internacionalmente reconhecida, com base no princípio do pluralismo linguístico, que favorece e promove a riqueza cultural e a diversidade linguística. Por conseguinte, o Estado reconhece e atribui, de forma implícita, um estatuto de língua minoritária à LGP. Assim, as pessoas surdas gozam de direitos para a exercer, com garantia de proteção e de respeito pela identidade linguística, promovendo-a e valorizando-a, evitando a sua extinção ou ameaça, o que, em termos jurídicos, se reproduz eficazmente na aquisição pela língua própria do estatuto de *cooficialidade linguística*. Ou seja, a língua converte-se em cooficial.

Assim, a LGP é tratada como língua minoritária e tem um caráter essencialmente cultural, conforme previsto no art. 24.º, n.º 3, alínea b), da CDPD ("a promoção da identidade linguística da comunidade surda"), e no art. 30.º, n.º 4, da CDPD ("reconhecimento e apoio da sua identidade cultural e linguística, incluindo a língua gestual e cultura dos surdos"), representando o reconhecimento[148] simbólico da vinculação emocional

[147] *Vide* Pérez Fernández, José Manuel – *Op. cit.*, p. 53-58.

[148] De acordo com Contreras Mazarío, o significado do *reconhecimento* pode ser compreendido, de forma exemplificativa: "*[...] término "reconocimiento" dista mucho de tener un significado invariable. Así, puede significar que el Estado concede a una o varias minorías [...] la condición de personas jurídicas, de sujetos de derecho, [...] o bien suponer el reconocimiento a los miembros de esas minorías [...] de un conjunto de derechos relativos al principio de protección de la identidad de dichas comunidades, o*

entre pessoas surdas e comunidade surda. No entanto, a condição de língua minoritária só é alcançada em plenitude e efetivamente no exercício dos direitos linguísticos quando é vista também como língua oficial, ou melhor, com estatuto de *cooficialidade linguística*.

O estatuto de *cooficialidade linguística*[149] consiste no reconhecimento da língua como cooficial, quando a língua se equipara à língua de Estado, sendo reconhecida como meio de comunicação, formal ou materialmente, pelo Estado, com caráter cooficial, juridicamente válido e eficaz. Ou seja, permitindo aos membros da comunidade a expressão na sua língua de opção e serem atendidos nos serviços públicos na língua na qual foram instruídos, tendo sempre por base a promoção e valorização do uso da língua na sua comunidade.

O estatuto de cooficialidade linguística tem como finalidade primordial, em termos jurídicos, assegurar e promover eficazmente o uso de uma determinada língua, tendo o próprio indivíduo como titular dos direitos linguísticos, escolhendo e usando livremente a língua. Portanto, o estatuto de cooficialidade linguística consagra que o titular tem direito a usar a língua própria reconhecida para se expressar e comunicar num determinado âmbito, em especial nos serviços públicos e na educação, sendo que a língua usada está em condições de igualdade com a língua oficial, a língua do Estado[150].

É verdade que nem a CDPD nem a Constituição reconhecem formalmente, ou expressamente, a LGP como língua oficial. No entanto, em resultado do art. 21.º, alínea e), da CDPD ("reconhecendo e promovendo o uso da língua gestual"), a LGP é *materialmente reconhecida como língua com caráter cooficial*, com efeitos jurídicos equiparados ao estatuto da língua oficial do Estado. Ou seja, implica as consequências essenciais do estatuto de cooficialidade linguística, que será, mais adiante, objeto de análise aprofundada:

bien – finalmente – la concesión a estas de algunos derechos especiales sin que exista un plan general." Contreras Mazarío, José María – *Op. cit.*, p. 29.

[149] Cf. Pérez Fernández, José Manuel – *Op. cit.*, pp. 35-36; Solozábal Echevarría, Juan José. – *El régimen constitucional del bilingüismo. La cooficialidad lingüística como garantía institucional*, 2000, pp. 265-294.

[150] Gurrera Roig, Matilde – *El Pluralismo Lingüístico.*, 1985, p. 231.

(a) *reconhecer* o direito da pessoa surda a conhecer, usar e ser atendida na língua gestual e *estabelecer* as medidas efetivas para assegurar a sua eficácia (art. 21.º, alíneas b) e e), da CDPD; art. 24.º, n.º 3, alíneas b) e c), da CDPD; art. 30.º, n.º 4, da CDPD; e art. 74.º, da CRP);
(b) *assegurar* a promoção da língua gestual na vida cultural (art. 30.º, n.º 4, da CDPD; e art. 74.º, da CRP);
(c) *garantir* a educação de/em língua gestual (art. 24.º, n.º 3, alíneas b) e c), da CDPD; e art. 74.º, da CRP);
(d) *assegurar* o exercício dos direitos linguísticos para utilizar a língua gestual sem se ser discriminado em razão da língua (art. 2.º, da CDPD; art. 5.º, da CDPD; art. 21.º, alíneas b) e e), da CDPD; e art. 74.º, da CRP).

Assim, a LGP é materialmente reconhecida como *língua minoritária, com caráter cooficial,* no sentido de ser a língua própria das pessoas surdas, enquanto membros da comunidade surda. A LGP é vista como meio normal da comunicação, juridicamente válido e eficaz, reconhecido pelo Estado como reconhecimento público dos direitos linguísticos consagrados às pessoas surdas. É verdade que o estatuto da cooficialidade da LGP em questão é a forma mais eficaz para proteger os direitos linguísticos, ou seja, o reconhecimento público dos direitos linguísticos das pessoas surdas é uma forma possível de o Estado reconhecer a língua minoritária em questão, com caráter oficial, com finalidades específicas[151].

Para as pessoas surdas, usar a LGP representa o mais alto nível de garantia do exercício dos direitos linguísticos, conforme afirma PÉREZ FERNÁNDEZ:

> A oficialidade é apenas uma das formas possíveis de tutelar os direitos linguísticos, de expressar o reconhecimento efetivo do pluralismo linguístico, sendo certo que se podem tutelar e exercer direitos linguísticos sem uma declaração de língua oficial; também é certo que a oficialidade, seja formal, seja material, constitui o mais alto nível de proteção e aquele que melhor pode garantir ou contribuir para garantir o exercício dos direitos linguísticos

[151] *Vide* PÉREZ FERNÁNDEZ, José Manuel – *Op. cit.*, p. 35.

dos falantes e a sobrevivência, em última instância, da língua, especialmente quando se trata de uma língua minoritária e ameaçada.[152]

É interessante que Pérez Fernández afirme, no caso da declaração da oficialidade de uma língua minoritária, por exemplo, que o caso da LGP não resolve, só por si, o exercício pleno dos direitos linguísticos:

> [...] seria um erro ver na declaração de oficialidade uma panaceia, uma espécie de poção mágica capaz de alterar, por si mesma, a condição de uma língua, quiçá minoritária, quiçá ameaçada. A declaração de oficialidade de uma língua minoritária, como ocorre em muitos casos, não garante em si mesma a efetividade do direito a essa língua, e isso porque a sua normalização exige uma adequação das estruturas administrativas e dos poderes públicos [...].[153]

Em sede de direito comparado, em termos gerais, os direitos linguísticos e culturais das pessoas surdas foram reconhecidos pela maioria dos países europeus, ao nível constitucional ou legislativo, garantindo a proteção e a promoção do exercício dos seus direitos no âmbito de cada comunidade do seu país. Existe uma vasta legislação no sentido de garantir e promover os direitos das pessoas surdas ao acesso à educação, à interpretação nos serviços públicos da sua língua gestual[154].

1.4. A interpretação da norma do artigo 21.º da Convenção: o direito de usar a língua gestual nas relações oficiais

Nos termos do art. 21.º da Convenção prevê-se:

> Os Estados Partes tomam todas as medidas apropriadas para garantir que as pessoas com deficiência possam exercer o seu direito de liberdade de expressão e de opinião, incluindo a liberdade de procurar, receber e difundir informação e ideias em condições de igualdade com as demais e através de todas as formas de comunicação da sua escolha, conforme definido no artigo

[152] Pérez Fernández, José Manuel – *Op. cit.*, p. 29 (tradução nossa).
[153] *Idem*, p. 41 (tradução nossa).
[154] *Vide* os estatutos jurídicos das línguas gestuais na Europa, Wheatley, Mark [*et al.*] *Sign Language Legislation in the European Union*, 2010; cf. também Storch de Gracia y Asensio, J. G. - *Op. cit.*, pp. 295-413.

2.º da presente Convenção, incluindo: a) fornecendo informação destinada ao público em geral, às pessoas com deficiência, em formatos e tecnologias acessíveis apropriadas aos diferentes tipos de deficiência, de forma atempada e sem qualquer custo adicional; b) aceitando e facilitando o uso de língua gestual [...] c) instando as entidades privadas que prestam serviços ao público em geral, inclusivamente através da Internet, a prestarem informações e serviços em formatos acessíveis e utilizáveis pelas pessoas com deficiência; d) encorajando os meios de comunicação social, incluindo os fornecedores de informação através da Internet, a tornarem os seus serviços acessíveis às pessoas com deficiência [...]

O art. 21.º consiste em três elementos caracterizadores[155]:

(a) o *direito de se expressar, opinar e pensar* sobre qualquer contexto, sem interferências indevidas por parte do Estado ou por quaisquer terceiros, nem ser molestado por causa das opiniões (art. 21.º, da CDPD; e art. 19.º n.º 1, do PDCP);
(b) o *direito de acesso à informação*, ou seja, o direito de procurar, buscar e receber informações sobre qualquer assunto através de tecnologias adequadas (art. 2.º, para. 4 e 5, da CDPD; art. 21.º, alíneas a), b), c) e d), da CDPD; e art. 19.º, n.º 2, do PDCP);
(c) o *direito a difundir informações e ideias de qualquer índole*, sem quaisquer considerações de fronteiras, estando em condições de igualdade com as demais pessoas, através de qualquer meio de comunicação, que é de livre escolha da própria pessoa (art. 2.º, para. 1 e 2., da CDPD; art. 21.º, alínea a), da CDPD; e art. 19.º, n.º 2, do PDCP).

Por conseguinte, as pessoas surdas têm direito à liberdade de expressão, de opinião e à informação, ou seja, o direito a eleger qualquer língua, incluindo a língua gestual, para expressar, buscar, receber e transmitir qualquer informação em geral. Por outras palavras, conforme o art. 21.º, as pessoas surdas têm *liberdade linguística no uso comum*, ou seja, a liber-

[155] Cf. LA RUE, Frank - *Derecho a la libertad de opinión y de expresión*, Doc. n.º A/HRC/14/23. (Informe ao Conselho dos Direitos Humanos), 2010; CeDH - *Proyecto de Observación general N.º 34 - Artículo 19 (libertad de expresión y opinión)*, Doc. CCPR/C/GC/34/CRP.5, 2010 [Consult. 12 fev. 2011] Disponível em: http://www2.ohchr.org/english/bodies/hrc/docs/CCPR.C.GC.34.CRP.4_sp.doc

dade de escolher e utilizar a língua gestual para expressar e comunicar em qualquer local, público ou privado.

De acordo com o art. 21.º, alíneas b) e e) da Convenção:

> [...] b) aceitando e facilitando o uso de língua gestual [...] da escolha das [pessoas surdas] nas suas relações oficiais [...] e) reconhecendo e promovendo o uso da língua gestual [...]

O artigo em questão tem implicações jurídicas no que diz respeito aos *direitos linguísticos*, ou seja, os termos "reconhecer" e "promover" surgem também referidos no estatuto jurídico de língua com caráter cooficial. Lê-se aqui a declaração de reconhecimento, por parte do Estado, da língua gestual, questão que é objeto de estudo desta tese. Como dissemos anteriormente, quando é assumido o reconhecimento pelo Estado, estabelece-se o estatuto jurídico da língua, que pressupõe uma garantia de reconhecimento e de proteção por parte da tutela.

A Convenção reconhece a língua gestual como meio de comunicação juridicamente válido e eficaz entre as pessoas surdas e os poderes públicos; logo, as pessoas surdas têm o direito a usar a língua gestual – que adquire o *estatuto de cooficialidade linguística* – como língua própria, tal como é reconhecida pelo art. 21.º, alíneas b) e e).

O estatuto jurídico da língua gestual implica que as pessoas surdas têm direito a utilizar a sua língua própria para comunicar, estando em causa *a liberdade linguística na relação da pessoa surda com os poderes públicos*.

Assim, existem quatro características fundamentais para o exercício dos direitos linguísticos:

i. O direito de utilizar a língua

Por um lado, as pessoas surdas têm o direito de usar a língua gestual para comunicar com os poderes públicos, conforme previsto na alínea b), que usa o termo "relações oficiais", referindo-se claramente às relações sociais públicas em geral, ou seja, aos serviços públicos em geral, às autoridades administrativas, judiciais e políticas e outras instituições públicas, já citadas.

Por outro lado, as pessoas surdas podem ser atendidas na língua eleita pelos poderes públicos, de acordo com o espírito dos termos "aceitar" e "facilitar", conforme previsto na alínea b) – estes termos são determinantes para o Estado, que tem a obrigação de não impedir nem obstaculizar o uso da LGP nas relações oficiais entre as pessoas surdas e os poderes públicos.

ii. O direito de escolher a língua

As pessoas surdas têm o direito de escolher qualquer meio de comunicação para comunicar, de acordo com o previsto na alínea b). Não é admissível que uma pessoa seja discriminada pela língua que escolheu, algo que é proibido pelo direito internacional, por exemplo, art. 2 da DUDH e pela CDPD, nos termos do art. 2.º. A *não-discriminação linguística* implica a proibição de tratamentos discriminatórios que impliquem a negação ou privação de direitos de expressão numa determinada língua.

Segundo Pons Parera, a proibição da discriminação linguística constitui-se como "núcleo originário de proteção e promoção dos direitos linguísticos"[156]. Nos termos do art. 2.º, da DUDH, e ainda segundo Pons Parera, este artigo alude à liberdade e igualdade em dignidade e direitos com que nascem todos os seres humanos, na medida em que a igualdade pressupõe o respeito pela identidade individual, ou seja, a língua é "uma componente fundamental" do livre desenvolvimento da personalidade, pois define a personalidade de um indivíduo[157]. Citando Pizzorusso, o princípio da não-discriminação em questão identifica-se como "fundamento último de liberdade linguística geral de todos os indivíduos"[158].

É interessante que Fernández Liesa refira que os titulares da língua minoritária, por exemplo as pessoas surdas, beneficiam da *liberdade linguística* para o exercício do seu *direito a usar a sua língua própria*, assegurado pelo Estado, que garante e promove a *liberdade linguística* em igualdade de tratamento, diferenciado não por causa de particularidades dos titulares, mas pela igualdade de condições e de oportunidades reais aos próprios titulares que gozam de direitos reconhecidos e respeitados, tal como as restantes pessoas. Por outras palavras, o próprio Estado deve criar medi-

[156] Pons Parera, Eva – *Los Derechos Lingüísticos en el Marco Internacional y Comunitario Europeo*, 2006, p. 69.
[157] *Idem*, p. 69.
[158] Pizzorusso, Alessandro – *Op. cit.*, 1986, p. 21; Pons Parera, Eva – *Op. cit.*, p. 69.

das de ação positiva – *discriminação positiva* – para promover e valorizar as particularidades dos membros deste grupo minoritário em particular[159].

iii. O direito de aceder à língua

As pessoas surdas têm direito à igualdade de oportunidades e de condições no acesso à informação, ou seja, para transmitir e receber informações na língua escolhida, acesso que não pode ser discriminado mesmo nos serviços públicos, situação proibida pela CDPD, nos termos do art. 2.º da Convenção.

iv. O direito de conhecer a língua

Esta é característica correlativa do direito de acesso à aprendizagem e ao conhecimento da língua gestual como identidade linguística da comunidade surda, de acordo com o art. 21.º, alínea b) em conjugação com art. 30.º, n.º 4, da CDPD, a abordar mais adiante.

2. Os direitos culturais à luz do artigo 30.º da Convenção

Yo protejo a mi lengua, porque ella está indefensa.[160]

HILARIA SUPA HUAMÁN

2.1. Considerações gerais sobre os direitos culturais

A noção de *direitos culturais* está vinculada ao conceito de cultura. No entanto, sendo conhecida a divergência sobre o conceito de cultura[161],

[159] Fernández Liesa, Carlos R. – *Op. cit.*, pp. 247-248.

[160] Yataco, Miryam – *Derechos Lingüísticos, Política Idiomática y Planificación Lingüístico-Educativa en Perú.* [Consult. 10 nov. 2010] Disponível em: http://www.aulaintercultural.org/IMG/pdf/Yataco.pdf

[161] A noção de cultura deve ser um conceito amplo, ou seja, deve abranger as formas culturais, materiais e imateriais. Segundo o CDESC: "*El concepto de cultura no debe entenderse como una serie de expresiones aisladas o compartimientos estancos, sino como un proceso interactivo a través del cual los individuos y las comunidades, manteniendo sus particularidades y sus fines, dan expresión a la cultura de la humanidad. Ese concepto tiene en cuenta la individualidad y la alteridad de la cultura como creación y producto social; .El Comité considera que la cultura [...] comprende, entre otras cosas, las formas de vida, el lenguaje, la literatura escrita y oral, la música y las canciones, la comunicación no verbal, los sistemas de religión y de creencias, los ritos y las ceremonias, los deportes y juegos, los métodos de producción o la tecnología, el entorno natural y el producido por el ser humano, la comida, el vestido*

parece-nos importante esclarecer *lato sensu* o sentido do mesmo. Recorremos, assim, à DDC, art. 2.º, alínea a), e ao Preâmbulo da DUDC, que definem, respetivamente:

> O termo cultura abrange os valores, as crenças, as convicções, as línguas, os conhecimentos e as artes, as tradições, as instituições e os modos de vida pelos quais uma pessoa ou um grupo de pessoas expressa a sua humanidade e os significados que dá à sua existência e ao seu desenvolvimento.

> O conjunto de traços espirituais e materiais, intelectuais e afetivos que distinguem e caracterizam uma sociedade ou um grupo social e que abrange, além das artes e das letras, os modos de vida, as formas de viver em comunidade, os valores, as tradições e as crenças.

É verdade que os direitos culturais estão menos desenvolvidos[162] comparativamente com outros direitos, por exemplo, os económicos, políticos, civis e sociais.

Segundo Farida SHAHEED, os direitos culturais são claramente considerados uma parte integrante dos direitos humanos, o que implica que sejam universais, indivisíveis, interrelacionais e interdependentes, e, consequentemente, tenham como finalidade o reconhecimento e respeito pela dignidade humana no contexto da diversidade cultural[163].

Em termos sucintos, os *direitos culturais* podem entender-se como conjuntos de direitos, de natureza essencialmente cultural, que têm como

y la vivienda, así como las artes, costumbres y tradiciones, por los cuales individuos, grupos y comunidades expresan su humanidad y el sentido que dan a su existencia, y configuran una visión del mundo que representa su encuentro con las fuerzas externas que afectan a sus vidas. La cultura refleja y configura los valores del bienestar y la vida económica, social y política de los individuos, los grupos y las comunidades." NAÇÕES UNIDAS. CDESC. Comentário n.º 21. *Derecho de toda persona a participar en la vida cultural (artículo 15), del Pacto Internacional de Derechos Económicos, Sociales y Culturales,* 2010, pp. 3-4;. [Consult. 13 out. 2010] Disponível em: http://www2.ohchr.org/english/bodies/cescr/docs/E.C.12.GC.21.Rev.1-SPA.doc; cf. também SHAHEED, Farida. *Derechos Culturales,* 2010, p. 5; *vide* SILVA, Vasco Pereira da – *A Cultura a Que Tenho Direito. Direitos Fundamentais e Cultura.* Coimbra: Almedina, 2007, pp. 7-54.

[162] Cf. SYMONIDES, Janusz – *Derechos Culturales: Una Categoria Descuidada de Derechos Humanos,* 2010, pp. 1-20.

[163] Cf. SHAHEED, Farida – *Op. cit.,* p. 4.; cf. NAÇÕES UNIDAS. CDESC. Comentário n.º 21. – *Op. cit.,* p. 1.

finalidade garantir e promover a diversidade cultural, o respeito pela identidade cultural, pela participação na vida cultural, e o acesso à cultura, baseada no respeito pela dignidade da pessoa, na igualdade e na não-discriminação. Enfim, os direitos culturais e a diversidade cultural são considerados parte indissolúvel da dignidade da pessoa humana Consequentemente, a proteção e a promoção da diversidade cultural são essenciais para garantir o pleno respeito pelos direitos culturais[164].

2.2. A diversidade cultural como essência dos direitos culturais a partir da perspetiva internacional

A DUDC proclama e consagra, nos arts. 1.º e 2.º, a diversidade cultural como património comum da humanidade, que é uma manifestação da originalidade e da pluralidade de identidades dos indivíduos ou do próprio grupo que compõe a humanidade, com base na interação e no respeito cultural entre eles. No mesmo sentido, a CPPDEC afirma, no seu preâmbulo, que a diversidade cultural é uma característica inerente à humanidade e constitui um património cultural desta e deve ser celebrada e preservada em benefício de todos. Segundo o art. 1.º, da CPPDEC, a diversidade cultural tem como objetivos essenciais proteger, promover e valorizar as expressões culturais e linguísticas em benefício de todos, vistas como parte integrante da diversidade cultural, no âmbito dos direitos humanos[165].

No que concerne às pessoas surdas que utilizam a língua gestual como elemento de riqueza e de diversidade cultural e linguística reconhecida pelo Parlamento Europeu[166], observa TIMMERMANS:

> Os usuários da língua gestual são uma minoria cultural e linguística. Em relação à resolução do Parlamento Europeu sobre as línguas gestuais [...] considera que cada uma das diferentes línguas gestuais utilizadas na Europa tem uma identidade cultural específica. De acordo com a Declaração sobre a Diversidade Cultural do Conselho da Europa [...] os Estados-membros

[164] *Vide* SHAHEED, Farida, *Op. cit.*, p. 11.

[165] Resolução da Assembleia da República n.º 10-A/2007. DR n.º 54, Suplemento, I Série, (2007-03-16). 1640-(2) – 1640-(18).

[166] *Vide The European Parliament Resolution on Sign Languages for the Deaf* (1988) e *The European Parliament Resolution on Sign Languages* – European Union (1998).

> devem desenvolver e/ou diligenciar no sentido de manter, proteger e promover a diversidade linguística e cultural, a fim de reforçar o pluralismo e sociedades multiculturais na Europa. As línguas gestuais também devem ser reconhecidas como uma expressão da riqueza cultural. Elas constituem um elemento importante do património linguístico e cultural da Europa.[167]

Para respeitar, garantir e proteger as expressões culturais como valor cultural, de que é exemplo o caso das pessoas surdas enquanto membros de uma expressão cultural como a LGP, recorre-se sempre a dois princípios fundamentais, nomeadamente: *o princípio garantidor e respeitador de direitos fundamentais,* o qual, de acordo com o art. 2.º, n.º 1, da CPPDEC, prevê que

> a diversidade cultural somente poderá ser protegida e promovida se estiverem garantidos os direitos humanos e as liberdades fundamentais, tais como a liberdade de expressão, informação e comunicação, bem como a possibilidade dos indivíduos de escolherem expressões culturais. Ninguém pode invocar o disposto na presente convenção para atentar contra os direitos humanos e as liberdades fundamentais consignados na Declaração Universal dos Direitos do Homem ou garantidos pelo direito internacional nem para limitar o respetivo âmbito de aplicação.

O segundo princípio fundamental é *o princípio da dignidade cultural,* que, segundo o art. 2.º, n.º 3, da CPPDEC, prevê:

> a proteção e a promoção da diversidade das expressões culturais pressupõem o reconhecimento da igual dignidade e o respeito por todas as culturas, incluindo as das pessoas pertencentes a minorias e as dos povos autóctones e do respeito pelas mesmas.

2.3. A interpretação da norma do artigo 30.º da Convenção

2.3.1. O direito a participar na vida cultural

No art. 30.º, n.º 1, declara-se:

[167] Timmermans, Nine - *The Status of Sign Languages in Europe,* 2005, pp. 148-149 (tradução nossa).

1 – Os Estados Partes *reconhecem o direito de todas as pessoas com deficiência a participar*, em condições de igualdade com as demais, *na vida cultural* e adotam todas as medidas apropriadas para garantir que as pessoas com deficiência: a) têm acesso a material cultural em formatos acessíveis; b) têm acesso a programas de televisão, filmes, teatro e outras atividades culturais, em formatos acessíveis; c) têm acesso a locais destinados a atividades ou serviços culturais, tais como teatros, museus, cinemas, bibliotecas e serviços de turismo e, tanto quanto possível, a monumentos e locais de importância cultural nacional. (itálico nosso)

O presente artigo também está estritamente relacionado com o art. 15.º, n.º 1, do PIDESC, reconhecido pelo CDESC[168]. O *direito à participação na vida cultural* implica que o indivíduo define a sua identidade cultural e, por isso, tem o direito de exercer as suas próprias práticas culturais e prosseguir um modo de vida em que as suas expressões culturais sejam valorizadas, incluindo o direito de desenvolver e de partilhar expressões culturais com outros membros, como prevê o art. 5.º, da DDC.

A expressão "a participar" contempla três elementos caracterizadores essenciais: o *direito de participar na vida cultural*, o que implica o direito de a pessoa exercer as suas práticas culturais, tal como o de escolher a própria identidade e expressar-se na língua que é marca essencial da sua identidade cultural[169]; o *direito de acesso na vida cultural* ou o direito da pessoa a conhecer e compreender a própria cultura e as outras, através da educação, com pleno respeito pela sua identidade cultural[170]; o *direito a contribuir para a vida cultural*, ou seja, o direito de a pessoa contribuir para a criação de manifestações espirituais, materiais, intelectuais e emocionais da comunidade[171].

Por seu turno, a expressão "vida cultural" implica que a vida cultural é um elemento caracterizador da cultura, podendo manifestar-se através das formas de vida, da língua, da literatura escrita ou oral, da música e de outros modos de expressão[172].

[168] CDESC. Comentário n.º 21. – *Op. cit.*, p. 9, para. 31.

[169] *Idem*, p. 4. para. 15, a).

[170] *Idem, ibidem*. para. 15, b).

[171] *Idem, ibidem*. para. 15, c).

[172] *Idem, ibidem*. para. 11-13.

Portanto, o direito a participar na vida cultural é considerado um *direito de liberdade*, ou seja, os titulares dos direitos culturais, nomeadamente as pessoas surdas, têm a faculdade de exigir ao Estado que não interfira no exercício dos direitos relacionados com a sua liberdade de exercer e escolher a sua prática cultural.

Assim, impõe-se que o Estado tome medidas de ação positiva, para assegurar que existem as condições necessárias para o indivíduo poder participar na vida cultural, promovendo e facilitando o acesso e a preservação dos bens culturais[173]. Consequentemente, qualificando o *direito de liberdade*, o titular tem a liberdade de escolher participar ou não na vida cultural. Como afirma o CDESC, trata-se de uma "eleição cultural" – a *liberdade de opção cultural* é garantida e assegurada ao titular, a ser reconhecida, respeitada e protegida em condição de igualdade[174].

2.3.2. O direito ao respeito pela diferença e pela identidade própria, em especial a identidade linguística e cultural

No art. 30.º, n.º 4, declara-se:

> 4 – [As pessoas surdas] *têm direito*, em condições de igualdade com os demais, *ao reconhecimento e apoio da sua identidade cultural e linguística específica, incluindo a língua gestual e cultura dos surdos.* (itálico nosso)

A CDPD reconhece os direitos culturais das pessoas surdas, enquanto membros da comunidade surda, nos termos do art. 30.º, n.º 4, contemplando:

i. O direito a ser reconhecida e promovida a sua identidade cultural e linguística própria

O *direito à identidade cultural* consiste num conjunto de referências culturais através das quais uma pessoa, individualmente ou em coletividade, se define, se constitui, se comunica e se propõe ser reconhecida na sua dignidade[175]. Segundo Chiriboga, define-se a identidade cultural como "uma 'representação intersubjetiva' que orienta o modo de sentir,

[173] CDESC. Comentário n.º 21. – *Op. cit.*, pp. 2-3, para. 6 -7.
[174] *Idem*, p. 3, para. 7.
[175] Cf. art. 2.º da DDC.

compreender e agir das pessoas no mundo"[176]. Segundo o mesmo autor, conclui-se que o direito à identidade cultural:

> [...] consiste no direito de todo grupo étnico-cultural e seus membros a pertencer a uma determinada cultura e ser reconhecido como diferente, conservar sua própria cultura e património cultural tangível ou intangível e a não ser forçado a pertencer a uma cultura diferente ou a ser assimilado, involuntariamente, por ela.[177]

Em termos sucintos, o titular tem o direito a escolher e a ver respeitada a sua identidade cultural, a própria cultura e a sua identificação com a comunidade-referência.

De acordo com o art. 30.º, n.º 4, a expressão "identidade cultural e linguística específica" refere-se essencialmente à identidade surda como um sentimento de pertença a uma cultura surda, como afirmou Perlin:

> [...] as identidades surdas são construídas dentro das representações possíveis da cultura surda, elas moldam-se de acordo com a maior ou menor recetividade cultural assumida pelo sujeito. E dentro dessa recetividade cultural, também surge aquela luta política ou consciência oposicional pela qual o indivíduo se representa a si mesmo, se defende da homogeneização, dos aspetos que tornam o corpo menos habitável, da sensação de invalidez, de inclusão entre os deficientes, de menos-valia social.[178]

Strobel afirmou também:

> [...] a língua de sinais é uma das principais marcas da identidade de um povo surdo, pois é uma das peculiaridades da cultura surda, é uma forma de comunicação que capta as experiências visuais dos sujeitos surdos, sendo que é esta língua que vai levar o surdo a transmitir e proporcionar-lhe a aquisição de conhecimento universal.[179]

[176] Chiriboga, Oswaldo Ruiz – *O direito à identidade cultural dos povos indígenas e das minorias nacionais: um olhar a partir do sistema interamericano*, 2006, pp. 44-45.
[177] *Ibidem*, pp. 44-45.
[178] Strobel, Karin Lilian – *Op. cit.*, p. 60.
[179] *Idem*, p. 61.

As pessoas surdas têm direito ao reconhecimento e apoio da sua identidade cultural e linguística no contexto da comunidade surda[180], de acordo com art. 30.º, n.º 4 em conjugação com art. 24.º, n.º 3, alínea b), da CDPD.

O CDPD reconhece que "todas as pessoas", no caso da pessoa surda, nos termos do art. 30.º, n.º 1, se refere tanto ao sujeito individual como ao sujeito coletivo, incluindo, portanto, a comunidade surda. Por outras palavras, os direitos culturais podem ser exercidos: individualmente; em associação com outros; dentro de uma comunidade ou num grupo[181]. Os artigos em questão implicam que os Estados têm a obrigação de adotar medidas de salvaguarda e de promoção das particularidades linguísticas e culturais das pessoas surdas, em particular a língua e a identidade cultural, em prol da integração cultural na sociedade, em igualdade de condições[182].

ii. O direito a ter uma cultura e língua própria, a língua gestual

De acordo com o art. 30.º, n.º 4, *in fine*, a expressão "cultura dos surdos", com particular ênfase na definição de cultura, representa um conceito específico, na medida em que a cultura surda é essencialmente visual. PERLIN caracteriza a cultura surda da seguinte forma:

> Os surdos são surdos em relação à experiência visual e longe da experiência auditiva. Essas culturas são multifacetadas, mas apresentam características que são específicas em relação às experiências surdas. Elas são visuais, elas traduzem-se de forma visual, traduzem-se por meio da língua de sinais. As

[180] A identidade cultural e linguística das pessoas surdas, enquanto membros da comunidade surda, pode ser vista a partir da dimensão individual: *"es la expresión de un conjunto de rasgos particulares que diferencian a un ser de todos los demás [...] el ser humano posee características que lo identifican y lo hacen diferente al resto de los seres vivientes y, más aún, son características que lo hacen diferente individualmente, es decir, proveen al ser humano de una identidad física, psíquica, social y moral"*. ROJAS DE ROJAS, *Morelba – Identidad y cultura*, 2004, p. 490. Partindo da dimensão coletiva, a identidade pode ser entendido como *"la percepción [grupal] de un 'nosotros' relativamente homogéneo (el grupo visto desde dentro) por oposición a 'los otros' (el grupo de fuera), en función del reconocimiento de caracteres, marcas y rasgos compartidos que funcionan también como signos y emblemas, así como de una memoria colectiva común"* Fossaert, Robert, citado por Gall, Olivia – *Identidad, exclusión y racismo: reflexiones teóricas y sobre México*, 2004, p. 223.

[181] NAÇÕES UNIDAS. CDESC. Comentário n.º 21. *Op. cit.*, p. 3, para. 9.

[182] *Vide* FERNÁNDEZ LIESA, Carlos R. – *Op. cit.*, p. 248.

formas de organizar o pensamento e a linguagem transcendem as formas ouvintes. Elas são de outra ordem, uma ordem com base visual e por isso têm características que podem ser ininteligíveis aos ouvintes. Elas se manifestam mediante a coletividade que se constitui a partir dos próprios surdos[183].

Por seu turno, a cultura surda é compreendida por STROBEL como:

[...] o padrão de comportamento por sujeitos surdos compartilhados: a experiência trocada com os seus semelhantes, quer seja na escola, nas associações de surdos ou encontros informais, com isto origina a identificação como pertencente a um povo distinto caracterizado por compartilhar língua de sinais, valores culturais (respeito e preservação de língua gestual e da cultura surda), hábitos e modos de socialização [...] é a representação que atua simbolicamente para classificar o mundo e nossas relações no seu interior [...] Dentro da história cultural dos surdos podemos perceber vários artefactos culturais do povo surdo, que podem ser a experiência visual, linguística, literatura surda, vida social, desportiva, artes, políticas e outros [...] "artefactos" não se refere apenas a materialismos culturais, mas àquilo que na cultura constitui produções do sujeito que tem seu próprio modo de ser, ver, entender e transformar o mundo.[184]

3. O direito à educação, segundo o artigo 24.º da Convenção

Reconhecer uma língua significa mais do que o simples uso dessa língua. Simboliza respeito pelas pessoas que a falam, pela sua cultura e pela sua inclusão integral na sociedade.[185]

3.1. O direito à educação como desenvolvimento da personalidade

É verdade que a educação é um pilar relevante para o desenvolvimento da personalidade de cada indivíduo e também para a formação cívica e a participação na vida social e política; caso contrário, será dificultado ou

[183] PERLIN, G. – *Identidades Surdas*, 1998, p. 54.

[184] STROBEL, Karin Lilian – *Surdos...*, pp. 60-61.

[185] Programa das Nações Unidas para o Desenvolvimento – *Liberdade Cultural num Mundo Diversificado* (Relatório de Desenvolvimento Humano), 2004, p. 9 [Consult. 12 fev. 2011]. Disponível em: http://hdr.undp.org/en/media/hdr04_po_intro.pdf

limitado o exercício dos restantes direitos. Citando o art. 24.º, n.os 1 e 3, da CDPD:

> 1 – Os Estados Partes *reconhecem o direito das pessoas com deficiência à educação.* 3 – Os Estados Partes *permitem [às pessoas surdas] a possibilidade de aprenderem competências de desenvolvimento prático e social de modo a facilitar a sua plena e igual participação na educação e enquanto membros da comunidade* [...] (itálico nosso)

O artigo em questão visa clarificar que o *direito à educação* tem como objetivo: o pleno desenvolvimento da personalidade humana e do sentido da sua dignidade, habilitar a pessoa a desempenhar um papel útil na sociedade e reforçar o respeito pelos direitos do Homem e pelas liberdades fundamentais, com base na compreensão, tolerância e respeito por todas as pessoas com diferenças, seja de índole religiosa, cultural ou linguística.

3.2. O direito de acesso à educação em língua gestual

Conforme o art. 24.º, n.os 3 e 4, da CDPD:

> [...] b) *A facilitação da aprendizagem de língua gestual* e a *promoção da identidade linguística da comunidade surda* [...] c) *A garantia de que a educação das pessoas,* e em particular *das crianças que são cegas, surdas ou surdas-cegas, é ministrada nas línguas,* modo e meios de comunicação mais apropriados para o indivíduo e em ambientes *que favoreçam o desenvolvimento académico e social* [...] 4 – De modo a *ajudar a garantir o exercício deste direito, os Estados Partes tomam todas as medidas apropriadas para empregar professores,* incluindo professores com deficiência, *com qualificações em língua gestual* e/ou braille e a formar profissionais e pessoal técnico que trabalhem a todos os níveis de educação. (itálico nosso)

Por conseguinte, a CDPD reconhece explicitamente às pessoas surdas o direito a receber educação bilingue, ou seja, a adquirirem as duas línguas – a língua do território onde vivem e a língua própria da sua comunidade linguística, a comunidade surda.

Sistematizando e caracterizando o exercício do direito à educação, no âmbito dos direitos linguísticos e culturais, por parte das pessoas surdas, consideramos:

i. O direito de aceder à educação bilingue como convivência de referências linguísticas e culturais

As pessoas surdas têm direito à escola em ambiente bilingue, que visa contribuir para: o fomento da capacidade de autoexpressão linguística e cultural numa comunidade linguística; a manutenção e o desenvolvimento da língua falada pela comunidade linguística; o conhecimento da língua ligada à sua própria identidade cultural e a aquisição de um conhecimento profundo da sua própria cultura (por exemplo, história, literatura e outras manifestações), assim como o melhor conhecimento possível de qualquer outra cultura que a pessoa surda deseje conhecer, segundo a DUDL.

ii. O direito de adquirir e aprender a língua própria como marca essencial da identidade linguística

De acordo com art. 24.º, n.º 3, alínea b), as pessoas surdas têm direito a receber a língua própria como *objeto de aprendizagem*[186] e, ainda, têm liberdade de escolher o meio de comunicação para facilitar a compreensão comunicativa e favorecer o desenvolvimento académico e social, ou seja, podem escolher a LGP como língua veicular do ensino[187], nos termos do art. 24.º, n.º 3 , alínea c), da CDPD.

Segundo o art. 24.º, n.º 4.º, da CDPD, as pessoas surdas têm *direito à qualidade de educação*, em igualdade de condições, ou seja, têm direito a dispor de recursos, pelo menos das condições mínimas e necessárias para satisfazer o desenvolvimento académico e o seu êxito escolar, nomeadamente: professores qualificados em língua gestual; métodos pedagógicos adequados, equipamentos e outros[188].

4. Direito à acessibilidade, segundo o artigo 9.º da Convenção

A acessibilidade é qualificada como *direito à acessibilidade*, sendo este direito tratado como garantia universal do *princípio de igualdade* como

[186] Segundo Carreras Serra, entende-se "*considerar a la lengua como objeto de aprendizaje, es decidir, determinar si se enseña como asignatura dentro de un concreto programa de estudios.*" De Carreras Serra, Francesc – *Derechos Lingüísticos y Enseñanza*, 2000, p. 295.

[187] *Idem*, p. 295. Entende-se "*considerar a la lengua como el medio a través del cual se enseña cualquier otra asignatura, es decidir, determinar la lengua de la enseñanza.*"

[188] Cf. art. 25.º, da DUDL.

conteúdo essencial do exercício dos direitos fundamentais. E é entendido, de acordo com De Asís Roig,

> [...] como uma condição inevitável para o exercício dos direitos – em igualdade de oportunidades – por todos os indivíduos e para, finalmente, conseguir obter igual dignidade humana, o livre desenvolvimento da personalidade de todas as pessoas. Nesse sentido, não pode ser vista como uma questão sujeita a vontade política, facultativa e graciosa, ou como uma técnica para a reabilitação de certas pessoas.[189]

É verdade que o direito à acessibilidade também está intimamente relacionado com o *princípio da discriminação positiva*, isto é:

> [...] como situações de vantagem fundadas, desigualdades de direito em resultado das desigualdades de facto e tendentes à superação destas e, por isso, em geral, de caráter temporário. Elas são justificadas constitucionalmente na medida em que a diferenciação de tratamento, sendo razoável, visa compensar desigualdades de oportunidades.[190]

Por conseguinte, as pessoas surdas têm direito à acessibilidade, nos termos do art. 9.º da CDPD, onde se estabelece:

> [...] 1 – Para permitir às *pessoas com deficiência viverem de modo independente e participarem plenamente em todos os aspetos da vida*, os Estados Partes tomam as medidas apropriadas para assegurar às pessoas com deficiência o acesso, em condições de igualdade com os demais, *ao ambiente físico, ao transporte, à informação e comunicações, incluindo as tecnologias e sistemas de informação e comunicação e a outras instalações e serviços abertos ou prestados ao público, tanto nas áreas urbanas como rurais.* [...] 2 – Os Estados Partes tomam, igualmente, as medidas apropriadas para: [...] e) *Providenciar formas de assistência humana* e ou animal à vida e intermediários, incluindo guias, leitores ou *intérpretes profissionais de*

[189] De Asís Roig, Rafael – *El significado de la accesibilidad universal y su justificación en el marco normativo español*, 2005, p. 57. (tradução nossa); *vide* também Palacios, Augustina; Bariffi, Francisco – *Op. cit.*, p. 84.

[190] Miranda, Jorge; Medeiros, Rui – *Op. cit.*, p. 232.

língua gestual, para facilitar a acessibilidade aos edifícios e outras instalações abertas ao público [...] (itálico nosso)

Sistematizando e caracterizando a amplitude do conceito de direito à acessibilidade, sabemos que implica:

i. O *direito a ter uma vida independente, a liberdade de decidir e escolher* (art. 19.º, da CDPD).
ii. O *direito a ter uma adaptação razoável*, em particular de acordo com as particularidades das pessoas surdas, nos serviços públicos, nos termos do art. 9.º, n.º 1, em conjugação com art. 2.º, da CDPD. Consequentemente, a sua ausência pode constituir uma violação, no caso de falta de adaptação razoável, do princípio de não-discriminação, nos termos do art. 2.º, *in fine*, da CDPD.
iii. O *direito a ter um intérprete de língua gestual nos serviços públicos* (art. 9.º, n.º 2, da CDPD). Relembramos que o art. 21.º, alínea b), da CDPD, reafirma que as pessoas surdas têm o direito de utilizar e escolher um meio de comunicação, a língua gestual, perante qualquer instituição, pública e privada, e que estas são obrigadas a atender as pessoas surdas, em LGP, através de intérprete ou outras formas complementares, como está consagrado pela CDPD, num espírito de igualdade de oportunidades para com as pessoas surdas. Infelizmente, no caso das pessoas surdas, tudo reside, de facto, nas barreiras que limitam o seu acesso, ou seja, nos obstáculos de índole comunicativa. Estas barreiras encontram-se com frequência na falta de uma informação acessível, por exemplo, na televisão, onde se impõe a presença de intérpretes, pelo menos nos serviços públicos.

Capítulo III

Os direitos das pessoas surdas na Constituição da República Portuguesa

As pessoas e os grupos sociais têm o direito a ser iguais quando a diferença os inferioriza, e o direito a ser diferentes quando a igualdade os descaracteriza.[191]

BOAVENTURA DE SOUSA SANTOS

SECÇÃO I – O tratamento jurídico-constitucional dos direitos das pessoas surdas

1. Os direitos das pessoas surdas como direitos fundamentais: a integração normativa e o sentido interpretativo à luz da norma do artigo 16.º, n.º 1, da Constituição portuguesa

Tomemos como ponto de partida a compreensão jurídico-constitucional na consideração dos direitos das pessoas surdas como direitos fundamentais. Percebemos que os direitos fundamentais são, geralmente, o conjunto das posições jurídicas individuais reconhecidas por determinada Constituição formal e/ou material; caracterizam-se pela *essencialidade*, *inalienabilidade* e *indivisibilidade* do exercício dos direitos do ser humano, com valor jurídico-normativo elevado, merecedor de uma garantia, proteção e promoção. Os Estados comprometem-se e vinculam-se a asse-

[191] FREITAS, Fábio F. B. de – *Democracia, Igualdade, Diferença e Tolerância* [Consult. 21 dez. 2010]. Disponível em: http://www.dhnet.org.br/direitos/militantes/fabiofreitas/texto45.htm

gurar e a respeitar o exercício essencial dos direitos do ser humano na sociedade em geral.

A consagração dos direitos fundamentais[192] pode ser reconhecida diretamente na Constituição, através da sua inclusão num catálogo de direitos fundamentais, ou estes podem estar dispersos ao longo do texto constitucional. Estes são entendidos como *direitos formalmente fundamentais* com assento constitucional.

No caso das pessoas surdas, a nossa Constituição reconhece aqueles direitos declarados *fundamentais*, consagrados na parte I dos "Direitos e deveres fundamentais", referidos, em particular, no art. 74.°, n.° 2, alínea h), constituindo uma consagração formal dos direitos fundamentais atribuídos às pessoas surdas e reconhecendo o direito à educação em determinada língua, a língua gestual.

Os direitos fundamentais também podem ser reconhecidos indiretamente na Constituição, ou seja, não estão previstos no catálogo dos direitos fundamentais, mas são reconhecidos como tal por via de outras fontes (nomeadamente, as leis ordinárias e as normas do direito internacional), de acordo com o art. 16.°, n.° 1, da CRP[193]. Estes são tratados como *direitos materialmente fundamentais*. De acordo com o art. 16.°, n.° 1, a Constituição abre os outros direitos declarados fundamentais para enumerar, de forma extensiva ou aperfeiçoada. Reconhece tais direitos como análogos aos direitos com dignidade normativa constitucional. Por outras palavras, o regime de direitos fundamentais não se restringe ao catálogo formal dos direitos fundamentais com assento constitucional; pelo contrário, abrange outros direitos declarados *fundamentais*, de natureza jurídica "inovadora" ou "repetida", mas com conteúdo conciso e claro em termos semânticos e interpretativos.

Por conseguinte, é admitido no art. 16.°, n.° 1, o princípio de *cláusula aberta* (ou de *não identificação* ou de *não tipicidade*)[194] para integrar os con-

[192] Sobre a definição dos direitos fundamentais em sentido formal e material, MIRANDA, Jorge – *Manual de Direito Constitucional*. Tomo IV, p. 7 e pp. 7-9 e p. 9-12; ANDRADE, José Carlos Vieira de – *Os Direitos Fundamentais na Constituição Portuguesa de 1976*, 2009, p. 72 e pp. 73-93; CANOTILHO, J. J. Gomes – *Direito Constitucional e Teoria da Constituição*, 2000, p. 393 e pp. 379-380.

[193] Art. 16.° (Âmbito e sentido dos direitos fundamentais) "1. Os direitos fundamentais consagrados na Constituição *não excluem quaisquer outros* constantes das leis e *das regras aplicáveis de direito internacional*. [...]" (itálico nosso).

[194] Cf. CANOTILHO, J. J. Gomes – *Op. cit.*, p. 379; MIRANDA, Jorge – *Op. cit.*, pp. 162-175.

teúdos normativos, equiparados aos direitos fundamentais, por via de outras fontes normativas desde que sejam essenciais ao exercício dos direitos do ser humano no sentido em que o próprio Estado e a sociedade devem respeitar e promover a dignidade individual no exercício da cidadania, de acordo com o respeito pelo valor intrínseco e extrínseco do ser humano, que merece ser respeitado e garantido na ordem jurídico-constitucional através dos *direitos fundamentais*.

A identificação e a enumeração dos direitos materialmente fundamentais devem ser aferidas essencialmente através do sentido da relevância material (isto é, a importância dos conteúdos normativos) com a elevação jurídica à designação de *fundamentalidade*. Para que possam ser considerados direitos fundamentais, devem estar relacionados com a formação essencial do desenvolvimento da personalidade para exercício da cidadania, ou seja, os dois critérios materiais de fundamentalidade são, pelo menos para o caso das pessoas surdas: primeiro, o princípio da *dignidade da pessoa humana*[195], como elemento da essência intrínseca da pessoa, que se caracteriza por ser dotada de razão e de consciência[196]; segundo, o princípio da *acessibilidade universal*; por exemplo, a pessoa com deficiência possui uma autocapacidade de ação e de comportamentos autodirigidos no exercício da cidadania na sociedade em condições de igualdade de oportunidades e possui uma *conditio sine qua non* para exercício dos direitos do ser humano no respeito pela sua dignidade inerente e na garantia da igualdade de oportunidades na sociedade.

Estes princípios (dignidade da pessoa e acessibilidade universal) são vistos como *um todo* com fundamentalidade material para justificar as questões das pessoas com deficiência, em geral, e das pessoas surdas, em particular, como questão de direitos humanos; consequentemente, são materialmente *fundamentais*.

Por conseguinte, os direitos das pessoas surdas são, entre nós, tratados como *direitos fundamentais*. São reconhecidos e declarados como direitos fundamentais, tendo como pressuposto as particularidades linguísticas e culturais das pessoas surdas. Ou seja, as normas do art. 74.°, n.° 2, alínea h), são *direitos formalmente fundamentais* e ainda são trata-

[195] *Vide* Andrade, José Carlos Vieira de – *Op. cit.*, pp. 93-106; Miranda, Jorge – *Op. cit.*, pp. 180-195.

[196] Cf. art. 1.°, da DUDH.

dos como direitos fundamentais *análogos* nos termos do art. 17.º, porque o art. 74.º, n.º 2, alínea h), coloca os direitos das pessoas surdas como pressuposto para o exercício de outros direitos fundamentais, de que são normas interrelacionais e interdependentes, por exemplo, a liberdade de expressão e a liberdade cultural como *direitos de liberdade.* Ao mesmo tempo, são *direitos materialmente fundamentais,* através de normas do direito internacional, por força do art. 16.º, n.º 1, ou seja, a CDPD. Estes são vistos como direitos extraconstitucionais, mas têm uma força jurídico-normativa equiparada às normas formalmente constitucionais em termos de vinculação de aplicação material de direitos fundamentais constitucionais e de outras fontes por parte dos poderes públicos e privados, nos termos de art. 18.º

A recente jurisprudência do Tribunal Constitucional explica de forma clara a *relevância constitucional dos instrumentos internacionais* no ordenamento jurídico-constitucional, ou seja, é possível que as normas das convenções internacionais de direitos humanos possam transformar-se num direito constitucionalizado, ou seja, direito materialmente fundamental com valor constitucional. O Tribunal Constitucional sustenta o seguinte:

> [...] No âmbito do controlo da constitucionalidade das leis é de ter em conta, antes de mais, a Constituição da República Portuguesa, embora se não possa excluir totalmente a possível relevância constitucional dos instrumentos internacionais, na medida em que integrem normas que possam considerar-se como correspondendo a direito constitucionalizado ou que possam ser utilizadas como critério de interpretação de normas constitucionais [...] não poderá excluir-se que algumas das suas disposições, apesar do seu cariz convencional, poderão beneficiar de força constitucional, na medida em que se apresentem como expressão de princípios gerais de direito comummente reconhecidos no âmbito da comunidade internacional no seu todo ou, pelo menos, de um determinado universo civilizacional (artigo 8.º, n.º 1) ou como direitos fundamentais não escritos no quadro da cláusula aberta do artigo 16.º, n.º 1.[197]

[197] Acórdão do Tribunal Constitucional n.º 101/2009, Procriação Medicamente Assistida, *Diário da República*, 2.ª série, n.º 64, 1 de abril de 2009, p. 12455- 12456.

Assim, em geral, o direito internacional dos direitos humanos acompanha, materialmente, a Constituição para reforçar a proteção dos direitos humanos através das suas normas, aplicáveis no âmbito dos direitos humanos. Por exemplo, a CDPD tem um valor jurídico reforçado, ou seja, é vista como garantia e reconhecimento efetivo da aplicação e integração dos direitos fundamentais por via do direito internacional dos direitos humanos, nos termos do artigo 16.º da Constituição, para ser integrada como bloco constitucional dos direitos fundamentais, com caráter materialmente constitucional.

2. O catálogo jusfundamental dos direitos das pessoas surdas

Os direitos fundamentais decorrentes do regime da CDPD são *materialmente fundamentais* no sentido em que têm uma *relevância jurídico-dignificante* para a essência da pessoa surda, que deve ser garantida na ordem jurídico-constitucional. Para o tema em análise, consideramos que as pessoas surdas têm *quatro direitos básicos, essenciais e principais*[198], que derivam dos catálogos de direitos formal e materialmente fundamentais, para exercer as faculdades previstas nos demais direitos declarados fundamentais.

Compreendamos melhor o esquema dos direitos fundamentais das pessoas surdas:

Catálogo dos direitos fundamentais das pessoas surdas	
DIREITOS FORMALMENTE FUNDAMENTAIS NA CONSTITUIÇÃO	DIREITOS MATERIALMENTE FUNDAMENTAIS ATRAVÉS DA CDPD
O direito à educação em língua gestual (art. 74.º, n.º 2, alínea h), da CRP)	O direito à educação em contexto inclusivo e bilingue (art. 24, da CDPD)
A liberdade de expressão (art. 37.º, n.º 1, da CRP)	O direito à liberdade de expressão através da língua gestual (art. 21.º, da CDPD) O direito de utilizar a língua gestual nos contextos oficiais (art. 21.º, alínea b), da CDPD)

[198] Cf. Andrade, José Carlos Vieira de – *Op. cit.*, pp. 92-93.

Catálogo dos direitos fundamentais das pessoas surdas	
DIREITOS FORMALMENTE FUNDAMENTAIS NA CONSTITUIÇÃO	DIREITOS MATERIALMENTE FUNDAMENTAIS ATRAVÉS DA CDPD
O princípio de igualdade e de não-discriminação (art. 13.º, n.º 1, da CRP)	O direito à igualdade e à não-discriminação (art. 5.º, da CDPD) O direito à acessibilidade (art. 9.º, da CDPD)
O direito à cultura (arts. 42.º, 73.º e 78.º, da CRP)	O direito à promoção da vida cultural da comunidade surda (art. 30.º, da CDPD) O direito à identidade cultural e linguística (art. 30.º, n.º 4, da CDPD)

SECÇÃO II – As dimensões subjetiva e objetiva dos direitos fundamentais das pessoas surdas

1. Considerações gerais

Doutrinariamente, os direitos fundamentais apresentam uma dupla dimensão[199]: *subjetiva*, na medida em que os próprios cidadãos são considerados titulares de direitos fundamentais, numa posição jurídica ativa, subjetiva e individual face ao Estado em geral, em relação ao exercício dos direitos fundamentais; *objetiva*, na medida em que o exercício dos direitos fundamentais é reconhecido, explícita ou implicitamente, pela ordem jurídico-constitucional, que o Estado está obrigado a proteger, promover e assegurar, para a realização e concretização dos direitos fundamentais, através dos mandatos constitucionais definidos, por exemplo, tarefas legislativas e políticas públicas.

A dimensão objetiva não é independente da dimensão subjetiva; pelo contrário, são complementares entre si, em resultado das diferentes fun-

[199] *Vide* Andrade, José Carlos Vieira de – *Op. cit.*, pp. 107-150; Canotilho, J. J. Gomes – *Op. cit.*, p. 479 e 1254-1261.

ções dos *direitos fundamentais*, particularmente no caso dos direitos das pessoas surdas[200].

A presente tese defende a existência da dupla dimensão dos direitos das pessoas surdas, a par da dupla dimensão dos direitos fundamentais, à luz do espírito da norma constitucional do art. 74.º, n.º 2, aliena h):

Dimensões do art. 74.º, n.º 2, alínea h)	
DIMENSÃO SUBJETIVA	DIMENSÃO OBJETIVA
As pessoas surdas são qualificadas como titulares do *direito à proteção* (abrangendo também os *direitos de defesa* e *prestação*) em relação aos direitos fundamentais, no caso concreto os direitos linguísticos e culturais. Juridicamente, o direito subjetivo fundamental é uma característica essencial dos direitos das pessoas surdas.	A Constituição consagra o *dever de proteção e promoção da LGP* por parte do Estado.

2. A dimensão subjetiva da norma do artigo 74.º, n.º 2, alínea h), da Constituição portuguesa

Em termos sucintos, a nossa perspetiva defende que o direito subjetivo[201], num ângulo estritamente jurídico-constitucional, se destina à esfera individual da pessoa, como titular principal, que tem uma posição jurídica ativa em relação ao Estado e está em posição de lhe exigir que garanta e assegure o exercício dos seus direitos considerados fundamentais pela Constituição.

Enfim, na norma constitucional em questão, no art. 74.º, cria-se uma relação trilateral entre o titular ativo (pessoa surda), o destinatário (Estado) e o objeto do direito (bens fundamentais reconhecidos às pessoas surdas). Em termos sucintos, resumimos aqui o esquema de relação trilateral:

[200] Cf. Canotilho, J. J. Gomes – *Op. cit.*, p. 1257; Andrade, José Carlos Vieira de – *Op. cit.*, p. 147.

[201] Cf. Canotilho, J. J. Gomes – *Op. cit.*, p. 1254; Andrade, José Carlos Vieira de – *Op. cit.*, p. 112.

DIMENSÃO SUBJETIVA	DIMENSÃO OBJETIVA
(A) tem perante o (E) o direito a ser reconhecido por este, a utilizar a LGP como meio de comunicação nas relações sociais públicas e privadas (G). (A) tem o direito perante o (E) de ver a LGP protegida como instrumento da expressão cultural (G).	(E) tem o dever de proteção contra ameaça, adulteração ou extinção das particularidades linguísticas e culturais das pessoas surdas (G).

Face ao alcance jurídico do direito subjetivo atribuído às pessoas surdas, à luz da norma constitucional em questão, por um lado, o art. 74.º indica a qualificação do *direito de defesa*[202], que consiste na preservação, respeito e garantia da não-interferência estatal na liberdade da própria pessoa, exigindo-se ao Estado um *dever de abstenção*, nomeadamente no sentido de não impedir e não obstaculizar o exercício dos direitos declarados na Constituição. Enfim, a norma constitucional consagra às pessoas surdas a faculdade de exigir ao Estado o dever de abstenção sobre a LGP enquanto instrumento da expressão cultural, ou melhor, a proibição de destruir ou afetar negativamente as particularidades linguísticas e culturais tuteladas pela própria norma constitucional.

Por outro lado, o art. 74.º também define que a LGP deve ser objeto de proteção por parte do Estado. Contudo, dizer que as pessoas surdas têm *direito à proteção* não implica o *direito de defesa*, uma vez que este consiste num *direito a ação negativa*. O direito à proteção consiste num *direito a ação positiva* por parte do titular dos direitos fundamentais, o qual pode exigir ao Estado que este adote ações positivas: atuação ativa na proteção dos bens fundamentais contra agressões ou ameaças provenientes de terceiros. Quando dizemos que as pessoas surdas têm direito à proteção, queremos dizer que possuem a faculdade de exigir do Estado medidas ativas e eficazes no sentido de proteger e promover as particularidades linguísticas e culturais das pessoas surdas, nomeadamente o direito de utilizar a LGP sem discriminação linguística, salvaguardando-a como património cultural imaterial.

[202] Cf. Canotilho, J. J. Gomes – *Op. cit.*, p. 408 e pp. 1258-1259; Andrade, José Carlos Vieira de – *Op. cit.*, p. 168.

Em relação ao direito à prestação *lato sensu*[203], este abrange o direito à proteção, por exemplo, à proteção da LGP e suas especificidades culturais contra as interferências indevidas por parte do Estado ou de terceiros, e o direito de participação na vida cultural e promoção da língua e da sua identidade cultural. O direito à prestação *stricto sensu* fundamenta as pretensões a prestações em geral, por exemplo: o acesso à educação bilingue e/ou aos serviços públicos através de intérprete da LGP.

Portanto, o art. 74.º consagra os direitos subjetivos das pessoas surdas enquanto titulares de direitos fundamentais, ou seja, têm a faculdade de exigir do Estado que este promova, garanta e proteja os direitos fundamentais, nomeadamente os direitos linguísticos e culturais.

3. A dimensão objetiva da norma constitucional: o dever constitucional de proteção e de promoção dos direitos das pessoas surdas

A norma constitucional ainda apresenta a vertente objetiva, em resultado dos termos "proteger" e "valorizar", referidos na 1.ª parte do art. 74.º, n.º 2, alínea h), da CRP. A perceção dos direitos das pessoas surdas na sua dimensão objetiva obriga à atuação do Estado para a sua concretização enquanto direitos fundamentais, protegendo e promovendo os seus titulares no que diz respeito aos direitos fundamentais.

Na perspetiva objetiva da norma constitucional, atribui-se um dever objetivo[204], por parte do Estado, ou seja, obrigando o Estado a agir de forma definida por uma norma constitucional, a fim de promover e garantir as condições necessárias ao gozo efetivo dos direitos fundamentais reconhecidos. Portanto, no art. 74.º, a Constituição impõe ao Estado um dever de *proteger, respeitar* e *garantir* às pessoas surdas os seus direitos.

O dever constitucional de proteção e promoção é visto como uma imposição atribuída e definida pela Constituição, com força jurídica vinculativa, que dirige e exige ao Estado uma atuação positiva no sentido de proteger e promover os direitos fundamentais consagrados às pessoas surdas e, ainda, obrigando o Estado a agir de forma eficaz, mediante as

[203] Cf. ANDRADE, José Carlos Vieira de – *Op. cit.*, p. 168; CANOTILHO, J. J. Gomes – *Op. cit.*, p. 408.

[204] Cf. ANDRADE, José Carlos Vieira de – *Op. cit.*, p. 138; CANOTILHO, J. J. Gomes – *Op. cit.*, p. 1254.

prestações normativas ou fácticas, na realização dos demais direitos reconhecidos constitucionalmente.

Enfim, o art. 74.º, n.º 2 ("Na realização da política de ensino incumbe ao Estado") determina uma "imposição legislativa concreta das medidas necessárias para tornar exequíveis os preceitos constitucionais"[205] para desenvolver o conteúdo normativo consagrado pela norma constitucional do art. 74.º, n.º 2, alínea h). Logo, cabe ao Estado concretizar e adotar esta norma, pois na sua adoção está em causa o *princípio da concretização jurídico-interpretativa da Constituição*[206]. Quando já realizado o conteúdo do direito, o Estado não deixa de cumprir as suas obrigações; muito pelo contrário, é-lhe atribuído pela Constituição o dever de proteger e promover os direitos constitucionalmente tutelados contra interferências indevidas por terceiros.

Em relação à dimensão do dever constitucional do Estado, o art. 74.º está relacionado com outras normas constitucionais, ou seja, os arts. 78.º e 9.º, alínea e), esclarecem o regime nuclear do dever constitucional de proteção. Em primeiro lugar, o art. 9.º, alínea e), consagra-se como princípio nuclear do dever constitucional do Estado: adotar, proteger e promover vários objetivos definidos pela Constituição, em particular a proteção e valorização do património cultural. Em segundo lugar, em relação ao art. 78.º, consagra-se, de forma implícita, ao Estado o dever constitucional de proteção e promoção, baseado num princípio de colaboração com a comunidade cultural (e linguística), no caso, a comunidade surda.

As normas constitucionais em questão, só por si, também consagram a dimensão objetiva dos direitos fundamentais, porque justificam a 1.ª parte do art. 74.º, n.º 2, alínea h), com base nos termos "proteger" e "valorizar", indicando, de forma clara, um dever constitucional de proteger e valorizar a LGP como expressão cultural das pessoas surdas. Estes termos traduzem-se para o Estado num *dever constitucional*. Ou seja, existem três deveres de natureza objetiva, atribuídos constitucionalmente, como já veremos mais adiante.

Segundo MAGALHÃES, quanto às medidas para proteção e promoção das pessoas surdas,

[205] Cf. ANDRADE, José Carlos Vieira de – *Op. cit.*, p. 366.

[206] *Idem*, p. 367.

> [...] em muitos pontos, o legislador ordinário deverá adotar posteriormente medidas específicas de proteção e de valorização da linguagem gestual. É preciso tratar da uniformização e da padronização, é necessário tratar dos dicionários, das enciclopédias, dos elementos de divulgação, é necessário divulgar a linguagem gestual na televisão. É normal que as transmissões televisivas tenham, mais do que atualmente, um acompanhamento e uma tradução em linguagem gestual. É natural que a própria Assembleia da República, agora que vai ter um canal televisivo parlamentar, adote medidas que, com a colaboração das entidades representativas apropriadas, permitam que a linguagem e a vida parlamentar tenham também uma tradução em linguagem gestual. Tudo isto é possível, mas tudo isto passa a ser encorajado por esta norma constitucional [...] sublinhamos que este é apenas o princípio, o momento relevante de uma longa tarefa em que a Assembleia da República, o Governo e os outros órgãos de soberania, incluindo as autarquias locais, têm um importante papel a desempenhar.[207]

SECÇÃO III – O significado e o alcance jurídico do artigo 74.º, n.º 2, alínea h), da Constituição portuguesa

1. A origem da constitucionalização da LGP

Consideramos importante conhecer a origem da constitucionalização da LGP, através da abertura do debate na Assembleia da República, em plena Comissão Eventual para a 4.ª Revisão Constitucional:

> [...] a nossa proposta tem em vista *a defesa do direito à cidadania*. A nossa Constituição é bem clara e defende os direitos dos cidadãos. Há, contudo, um *grupo de cidadãos que tem uma dificuldade, que é a da comunicação, e estes cidadãos são as pessoas que não ouvem – os surdos*. Mas *temos uma língua própria para os surdos, que é a língua gestual portuguesa. Existe uma comunidade de surdos*, que não é apenas constituída por pessoas surdas mas também pelos familiares, pelos professores, pelos amigos e por todas as pessoas que estão em contacto com eles, e *a comunicação estabelece-se, através da língua gestual portuguesa, não só entre os surdos mas entre eles e todas estas pessoas*. Existe uma área em que os surdos têm sido prejudicados, que é a *área da educação*, mas *existem outras áreas em que*

[207] MAGALHÃES, José – *Op. cit.*, 3580.

também há necessidade de resolver problemas para que haja uma real integração na sociedade. O *primeiro problema* que se nos coloca é *que tem de haver uma proteção à nossa língua.* O *artigo 13.º da Constituição é bem claro nesse sentido, mas o problema é que não existe um acautelamento de um grupo de pessoas.* Existe na *Constituição a referência ao grupo dos deficientes em geral, só que esta é uma questão um pouco particular,* porque *tem a ver com a língua, que é uma língua que faz parte da cultura e da identidade dos surdos.* E é isso que sentimos que *falta na Constituição para que todos os cidadãos portugueses estejam em pé de igualdade no que diz respeito aos direitos humanos. A língua gestual também é uma língua portuguesa.* A língua gestual portuguesa não é igual às outras línguas gestuais, *é uma língua própria do nosso país.* É verdade que existem línguas gestuais estrangeiras que são utilizadas nos contactos em vários locais, mas a língua gestual usada em Portugal não é uma língua estrangeira é uma língua portuguesa. E para a comunidade surda a língua gestual portuguesa é a sua primeira língua, sendo a língua portuguesa a sua segunda língua. *Porque é que a língua gestual é a sua primeira língua? Porque é a sua língua-mãe, é a língua natural dos surdos.* [...] *Nós, como cidadãos portugueses, sentimos que temos o direito, para estar em pé de igualdade com todos os cidadãos, a que a língua gestual portuguesa seja reconhecida.*[208] (itálico nosso)

Assim, concluímos que as reivindicações legítimas das pessoas surdas estão, finalmente, reconhecidas pelo Estado. A 4.ª revisão constitucional de 1997 introduziu uma norma constitucional, nos termos do art. 74.º, n.º 2, alínea h). Inevitavelmente, o regime constitucional da LGP tem consequências jurídicas no que respeita ao exercício dos direitos linguísticos (e culturais), que serão abordados mais adiante.

Em sede da revisão constitucional de 1997, declarou-se o reconhecimento público: "A língua gestual portuguesa é uma importante realização de uma comunidade de portugueses [*de pessoas surdas*] que faz parte de nós próprios e na qual nos reconhecemos."[209]

Como salienta ME,

[208] Intervenção de Hélder Duarte (surdo). *Diário da Assembleia da República,* II Série – RC n.º 68. Comissão Eventual para 4.º Revisão Constitucional. 2046 (sublinhado nosso).

[209] Magalhães, José (deputado do Partido Socialista) *Diário da Assembleia da República,* I Série. n.º 98. Comissão Eventual para o 4.º Revisão Constitucional. 3580 (sublinhado nosso).

a LGP é a língua oficial da comunidade surda portuguesa, a língua que, por direito, deve ser dada à criança surda como língua materna e ao aluno surdo como língua de escolarização. A LGP é decisiva para o seu desenvolvimento individual, no acesso ao conhecimento, no relacionamento social, no sucesso escolar e profissional e no exercício pleno da cidadania. [...] A língua materna, adquirida naturalmente, é um importante fator de transmissão de significados acerca do mundo e de identidade cultural.[210]

O Estado argumenta sobre o reconhecimento público da LGP:

[...] reconhecimento da língua gestual portuguesa na Constituição [...] como acontecimento muito significativo para as pessoas surdas, suas famílias, associações e técnicos, que mudou radicalmente a legitimação, cidadania, mediatização e interesse público da língua materna das pessoas surdas e consequentemente da sua cultura. [...] O reconhecimento da língua gestual constituiu um facto capital da história recente dos surdos portugueses, sendo então Portugal o 4.º país europeu a reconhecer oficialmente a sua língua gestual. Na vida das comunidades, raros são os momentos em que tudo se conjuga para a prossecução plena das metas que ambicionam alcançar. Para a comunidade das pessoas surdas, este acontecimento serviu de exemplo para todos quantos ainda não acreditavam nas potencialidades do trabalho em parceria, designadamente entre pessoas ouvintes e pessoas surdas, entre entidades oficiais e entidades da sociedade civil. Na verdade, este reconhecimento não foi obra de acaso ou de sorte, nem empresa mística de alguns heróis isolados [...].[211]

2. A interpretação da norma do artigo *in concreto*

Em primeiro lugar, deve-se sempre interpretar quaisquer normas constitucionais de acordo com o seu espírito de lei em sentido explícito e implícito[212]. A norma constitucional em questão é tratada como um *regime-qua-*

[210] Ministério da Educação – *Op. cit.*, pp. 29-30.

[211] Intervenção da secretária de Estado da Reabilitação, Dr.ª Idália Moniz. Sessão de encerramento da Conferência Internacional, "Língua Gestual no Ensino" [Consult. 21 dez. 2010] Disponível em: http://www.mtss.gov.pt/acessibilidade/preview_pag.asp?r=1040.

[212] Como salienta Jorge Miranda: "Os preceitos constitucionais devem ser interpretados não só no que explicitamente ostentam como também no que implicitamente deles resulta.

dro[213], dotada de uma estrutura normativa específica e capaz de constituir e integrar os critérios de interpretação e aplicação destes direitos fundamentais, proveniente do regime jurídico previsto no art. 74.º, n.º 2, alínea h), e também nas normas da CDPD. Por conseguinte, a norma constitucional em questão tem três preceitos jurídicos *interligados* entre si:

a) 1.ª parte do artigo: "Proteger e valorizar a língua gestual portuguesa..."

Tomando em conta a dupla dimensão dos direitos fundamentais, a fórmula constitucional em apreço usa os termos "proteger" e "valorizar"[214]. Por um lado, o termo "proteger" implica exigir-se ao Estado que cumpra o dever constitucional de defender e preservar as particularidades linguísticas e culturais das pessoas surdas, ou melhor, consiste na adoção de medidas efetivas, por parte do Estado, que visem a preservação e salvaguarda da LGP[215] como expressão linguística e cultural.

Por outro lado, o termo "valorizar" implica que o Estado tem o dever de *promover* ativamente a LGP como: valor cultural que deve ser valorizado pelo Estado em prol da diversidade linguística, nomeadamente através do desenvolvimento de ações para a promoção da LGP, com o fim de a salvaguardar; incentivo à utilização da LGP em qualquer contexto; estabelecimento dos meios disponíveis e adequados de aprendizagem da LGP em todos os níveis escolares[216]. O dever de promover implica a obrigação do Estado de adotar as medidas efetivas e necessárias que visem a plena realização dos direitos consagrados. Assim, o dever de promoção pode ser dividido em três obrigações[217]: *facilitar*; *promover* e *proporcionar*. Em primeiro lugar, o Estado deve *facilitar*, com vista à plena realização dos

Contudo, a eficácia implícita de quaisquer preceitos deve, por seu lado, ser pensada em conjugação com a eficácia, implícita, ou explícita, dos outros comandos [...]" Miranda, Jorge – *Manual de Direito Constitucional. Constituição.* Tomo II, 2000, p. 292.

[213] Segue de perto Andrade, José Carlos Vieira de – *Op. cit.*, p. 100.

[214] *Vide* conceitos de deveres de respeito, proteção e promoção, por exemplo, Novais, Jorge Reis – *Direitos Sociais. Teoria Jurídica dos Direitos Sociais enquanto Direitos Fundamentais*, 2010, pp. 255-301; Andrade, José Carlos Vieira de – *Op. cit.*, pp. 138-141 e pp. 241-243; Canotilho, J. J. Gomes – *Op. cit.*, pp. 407-410.

[215] Cf. art. 4.º, ponto 7, da CPPCEC; *vide* CDESC. Comentário n.º 21. *Op. cit.*, para. 48.

[216] Cf. art. 7.º, da CELRM.

[217] CDESC. Comentário n.º 21. *Op. cit.*, p. 14, para. 52, 53 e 53.

direitos, por exemplo, o uso da língua gestual e o direito a participar da vida cultural. Em segundo lugar, o Estado deve *promover*, de forma eficaz, uma educação e sensibilização adequadas sobre o direito a participar na vida cultural; por exemplo, no caso da comunidade surda, deve promover o acesso dos membros da comunidade à língua própria, para desenvolverem a sua identidade linguística e cultural. Por último, o Estado deve *proporcionar* tudo o que for necessário para possibilitar plenamente o uso da língua gestual e o direito a participar na vida cultural.

Além destes termos, a norma constitucional em questão usa um termo implícito, "respeito", que implica o respeito pela LGP, de modo a garantir efetivamente o uso da LGP por parte das pessoas surdas em qualquer contexto, ou seja, não podendo haver proibição nem obstáculos, por parte de Estado, ao uso da LGP e ao exercício dos direitos fundamentais.

Consequentemente, a Constituição vincula e atribui ao Estado, de acordo com o art. 74.º, o dever, com caráter constitucional, de *respeitar, valorizar* e *proteger* a LGP como expressão de coesão cultural com especificações linguísticas e culturais próprias das pessoas surdas, que usam a língua como meio de comunicação nas relações sociais públicas e privadas. Por conseguinte, isto pode significar o *direito fundamental de usar a LGP*, enquanto reconhecimento constitucional da LGP como língua de pleno direito.

b) 2.ª parte do artigo: "... enquanto expressão cultural..."

A formulação "enquanto expressão cultural" é igualmente compreendida como elemento caracterizador do património cultural, segundo a Comissão Eventual para a Revisão Constitucional de 1997. Citando-a:

> [...] No que diz respeito ao artigo 74.º [...] à consagração, pela primeira vez na história constitucional portuguesa, e, curiosamente, na ordem jurídica interna, de uma *norma que visa proteger e valorizar a língua gestual portuguesa "enquanto expressão cultural"*, diz a nossa proposta, *que é um património cultural português* [...] Neste sentido, a *língua gestual portuguesa é uma importante realização de uma comunidade de portugueses que faz parte de nós próprios e na qual nos reconhecemos* [...].[218] (itálico nosso)

[218] Cit. por Magalhães, José – *Op. cit.*, 3580.

Em primeiro lugar, o que se entende por *património cultural*? Segundo a LBPC, por património cultural "entendem-se os bens materiais e imateriais considerados testemunhos de civilização e cultura e que refletem valores de memória, antiguidade, autenticidade, originalidade, raridade, singularidade ou exemplaridade [...]"[219].

Por conseguinte, a LGP, como expressão cultural, declarada implicitamente pela Constituição, é um *património cultural imaterial*[220], constituindo o elemento caracterizador da identidade cultural e linguística das pessoas surdas[221].

O termo "enquanto" pode compreender também

> [...] este património cultural imaterial, que se transmite de geração em geração, é constantemente recriado pelas comunidades e grupos em função de seu ambiente, de sua interação com a natureza e de sua história, gerando um sentimento de identidade e continuidade e contribuindo assim para promover o respeito à diversidade cultural e à criatividade humana.[222]

Por último, o termo "expressão cultural" significa:

> aquelas expressões que resultam da criatividade de indivíduos, grupos e sociedades e que possuem conteúdo cultural [...] o conteúdo cultural refere-

[219] Cf. MIRANDA, Jorge; MEDEIROS, Rui – *Op. cit.*, p. 1440. Segundo a LBPC (Lei n.º 107/2001), no art. 2.º, n.º 1 da presente lei, entende-se como *património cultural*: "[...] todos os bens que, sendo testemunhos com valor de civilização ou de cultura portadores de interesse cultural relevante, devam ser objeto de especial proteção e valorização." O significado do património cultural imaterial, segundo o art. 2.º, n.º 4, da presente lei, é entendido como: "[...] constituam parcelas estruturantes da identidade e da memória coletiva portuguesas."

[220] O conceito de património cultural imaterial pode ser compreendido, segundo o art. 2.º, n.º 1 e 2, da CSPCI, como " [...] *as práticas, representações, expressões, conhecimentos e técnicas* – junto com os instrumentos, objetos, artefactos e lugares culturais que lhes são associados – que *as comunidades, os grupos e, em alguns casos, os indivíduos reconhecem como parte integrante de seu património cultural.* [...] 2. O "património cultural imaterial", conforme definido no parágrafo 1 acima, se manifesta em particular nos seguintes campos: a) Tradições e expressões orais, incluindo o *idioma como veículo do património cultural imaterial* [...]" (itálico nosso).

[221] *Vide* MIRANDA, Jorge; MEDEIROS, Rui – *Op. cit.*, p. 1442.

[222] Cf. art. 2.º, *in fine*, da CSPCI.

-se ao caráter simbólico, dimensão artística e valores culturais que têm por origem ou expressam identidades culturais.[223]

Em conclusão, a parte do artigo em questão está em correlação com o art. 78.º, n.º 1, e com o art. 9.º, alínea e), ou seja, indica o *direito fundamental à identidade cultural e linguística.*

c) 3.ª parte do artigo: "... instrumento de acesso à educação e da igualdade de oportunidades"

Existem dois termos interligados: "instrumento de acesso à educação" e "[instrumento da] igualdade de oportunidades". De acordo com o entendimento do legislador em relação a estes termos,

> no que diz respeito ao artigo 74.º [...] por outro lado, enquanto ferramenta, enquanto arma, enquanto instrumento que permite a muitos cidadãos aceder à educação e, ainda, conseguirem uma efetiva igualdade de oportunidades num contexto em que há um elemento sensorial em que, por qualquer razão, em qualquer momento da vida, ocorreu uma interrupção do normal funcionamento de faculdades de que todos devemos poder fruir [...].[224]

Estes qualificam-se expressamente como *direito fundamental à educação* em determinada língua e *à igualdade e não-discriminação linguística* e, de forma implícita, *à acessibilidade*, do ponto de vista da *igualdade de oportunidades*, uma vez que as pessoas surdas têm o direito, reconhecido constitucionalmente, ao exercício dos direitos fundamentais de acesso à educação e aos serviços públicos.

SECÇÃO IV – O direito de utilizar a LGP como língua de pleno direito

1. A garantia constitucional do exercício dos direitos fundamentais

Numa perspetiva jurídico-constitucional, o art. 74.º contempla dois termos fundamentais, "proteger" e "valorizar", que podem ser tratados

[223] Cf. art. 4.º, pontos 2 e 3, da CPPDESC.

[224] MAGALHÃES, José – *Op. cit.*, 3580 (sublinhado nosso).

como *garantia constitucional do exercício dos direitos fundamentais*. Esta pode ser vista como "direito-garantia", ou seja, a garantia tem uma "função instrumental"[225] atribuída pela Constituição e pela CDPD, no respeito do artigo 16.º, n.º 1, da Constituição, ou seja, tem por objeto promover e assegurar a igualdade de oportunidades e pleno exercício dos direitos fundamentais na esfera individual da pessoa surda. Por sua vez, objetivamente, a garantia constitucional implica uma obrigação do Estado, a fim de permitir às pessoas surdas o direito de utilizar a LGP[226]. Consequentemente, a LGP é vista como meio da comunicação juridicamente válido e eficaz, ou seja, em termos jurídicos, tem de ser assegurada, promovendo, valorizando e desenvolvendo a presença da língua nas relações sociais públicas e privadas.

2. O alcance jurídico do direito de utilizar a LGP

A nossa Constituição dispõe de uma norma relativa ao *status* formal da língua oficial, nos termos do art. 11.º, n.º 3, da CRP. O artigo em questão consagra o português como língua oficial do Estado. E as outras línguas? A resposta seria possivelmente afirmativa; outra língua podia assumir um caráter materialmente oficial, além do *português*, que é, formalmente, língua estatal. Porque não prejudica a condição de língua do Estado que não exista apenas uma língua oficial? Por duas razões, considerando uma perspetiva jurídico-constitucional que permite uma interpretação sistemática do reconhecimento dos direitos linguísticos dos outros titulares. A primeira razão reside no facto de a Constituição dispor de uma norma respeitante ao *princípio de tutela do património cultural (e linguístico)* como "princípio nuclear" da tutela das línguas como bem cultural, que deve ser objeto de especial respeito e proteção pelo Estado. Nele se plasma o reconhecimento dos direitos linguísticos dos indivíduos que partilham uma língua diferente da língua estatal. A segunda razão prende-se com o facto de não ser necessário ter um estatuto formal de língua oficial declarada diretamente na Constituição, uma vez que podemos reconhecer materialmente outras línguas através de outras disposições normativas, além da Constituição, como, por exemplo, os instrumentos normativos

[225] ANDRADE, José Carlos Vieira de – *Op. cit.*, p. 115.

[226] Cf. PRIETO DE PEDRO, Jesús – *Libertades lingüísticas, doble oficialidad e igualdad en la jurisprudencia*, 1990, p. 11.

legais e/ou internacionais. Aliás, a partir de 1999, Portugal tornou-se um país multilingue, pois o Estado reconheceu outras línguas, incluindo a LGP (conjugando reconhecimento constitucional com os termos do art. 74.º, n.º 2, alínea h), e o art. 21.º, da CDPD) e a língua mirandesa[227] como línguas minoritárias.

Assim, as pessoas surdas têm o direito de utilizar a LGP por esta se constituir como o "primeiro elemento distintivo da identidade cultural"[228].

Segundo Jorge Miranda, o direito de utilizar a língua, o português, apresenta duas vertentes: a *vertente ativa*, ou o "direito de falar, de escrever e de comunicar de qualquer forma em português"[229] e a *vertente passiva* ou o "direito de ler, de ouvir, de lhe ser comunicada ou de receber qualquer mensagem em português. Especialmente, direito de ensinar e direito de aprender"[230].

Consequentemente, as pessoas surdas possuem o direito fundamental à língua própria, a LGP. Esse direito é visto como *direito de liberdade*, ou seja, o *direito à liberdade de expressão* – a *liberdade linguística no uso comum*, para se comunicar e expressar numa língua escolhida em qualquer contexto, conforme previsto na 1.ª parte do art. 74.º em conjugação com o art. 37.º (liberdade de expressão), da CRP. Esta liberdade linguística permite às pessoas surdas comunicarem na sua língua, a LGP, em especial nas *relações sociais privadas*. Com base na nossa Constituição, as consequências desta liberdade linguística são essencialmente de conteúdo negativo, a saber[231]:

(a) a *liberdade de expressão*, em qualquer local, público e privado (art. 37.º, n.º 1, da CRP);
(b) o direito ao *livre desenvolvimento de personalidade* (art. 26.º, n.º 1, da CRP);
(c) o princípio da *igualdade e não-discriminação em razão da língua* (art. 13.º, n.º 1, da CRP).

[227] Lei n.º 7/99, DR I-A Série. 24 (1999-01-29).

[228] Miranda, Jorge. *Notas sobre cultura, Constituição e direitos culturais.* [Consult. 1 dez. 2010] Disponível em: http://www.fd.ul.pt/Portals/0/Docs/Institutos/ICJ/LusCommune/MirandaJorge.pdf

[229] Miranda, Jorge; Medeiros, Rui – *Op. cit.*, p. 205.

[230] *Idem*, p. 205.

[231] Cf. António Núñez, Manuel – *Op. cit.*, pp. 334-335.

E, além disso, as pessoas surdas têm direito à *liberdade linguística nas relações com os poderes públicos*, no âmbito da garantia constitucional, que se enquadra complementarmente no regime jurídico do art. 21.º da CDPD, estando em causa o reconhecimento do direito a utilizar a língua própria, com caráter cooficial.

Assim, a norma constitucional em questão, o art. 74.º, consagra um mandato de proteção e promoção da LGP, por parte do Estado, a qual incorpora os elementos essenciais do estatuto da cooficialidade linguística atribuída às pessoas surdas para exercer os seus direitos linguísticos. Ou seja, têm o direito a usar a língua, como língua cooficial, nas relações sociais públicas, em condições mínimas e necessárias para superar os obstáculos comunicativos[232].

Por conseguinte, as pessoas surdas, enquanto titulares da língua, têm o direito a usar, *ativa e passivamente*, a sua língua própria para comunicar, mediante intérprete de LGP, nas relações sociais públicas. Portanto, utilizar a língua própria constitui um meio de comunicação juridicamente válido e eficaz nas relações sociais públicas.

SECÇÃO V – O direito de conhecer a língua como garantia-vetor do direito à educação como essência de identidade linguística

1. O princípio nuclear da tutela do património cultural (e linguístico) a partir da perspetiva jurídico-constitucional

Numa perspetiva jurídico-constitucional, a nossa norma tem uma finalidade relativa à proteção e valorização do património cultural, nos termos do art. 9.º, alínea e), em conjunção com o art. 78.º, da Constituição da República Portuguesa. Assim, compreendemos que o art. 9.º é visto como "princípio nuclear", não só no sentido de garantir as expressões culturais, como também de proteger as expressões linguísticas, ou seja, as línguas além da língua portuguesa. Como disse Jorge Miranda, "a língua portuguesa é um seu elemento essencial, mas também o mirandês goza de proteção neste âmbito"[233]. De forma concreta, Inês Soares salienta:

[232] Cf. Pérez Fernández, José Manuel – *Op. cit.*, p. 28.

[233] Miranda, Jorge; Medeiros, Rui – *Op. cit.*, p. 1440 e p. 206. Nabais afirma sobre o património cultural: "A salvaguarda e valorização do património cultural constitui uma preocupação

A tutela do Estado, prevista na Constituição para as manifestações culturais, deve-se revelar na prática de ações positivas para defesa da sua existência, valorização e difusão. Ou ainda, simplesmente, no fornecimento, pelo poder público, das condições essenciais para que as atividades culturais sejam praticadas com liberdade pelos grupos, num espectro de diversidade cultural. O reconhecimento e tratamento, pela Constituição, dos direitos culturais como direito fundamental, e a previsão do dever de atuação democrática na proteção e promoção dos bens culturais, conduz o Estado à obrigação de implementar ações e políticas públicas que podem ser relacionadas, no que tange ao direito cultural à diversidade linguística, em quatro linhas de atuação: a) na proibição de discriminação, de indivíduos ou grupos, na fruição da língua como bem cultural, ou seja, no uso do falar ou da linguagem que seja portadora de referência cultural; b) na obrigação de o Estado adotar medidas imediatas, especialmente nos âmbitos legislativo e executivo, para que os direitos linguísticos e os falares ou línguas que servem de base para grupos culturalmente diferenciados (ou para a sociedade como um todo: o português) sejam promovidos e protegidos, inclusive com a previsão de ações afirmativas para os grupos étnicos que utilizam línguas e falares diversos do português; c) na obrigação de garantir um patamar básico (mínimo) de fruição aos direitos linguísticos e à língua, pela qual os grupos se expressam; e d) na obrigação de progressividade e proibição de retrocesso no tratamento do tema.[234]

Consequentemente, também abrange o caso da LGP como expressão cultural, que goza desta proteção no âmbito do princípio consagrado e tutelado pela Constituição. Assim, está em causa o respeito pelas línguas como expressão cultural e como património cultural imaterial reconhe-

partilhada por todos os segmentos em que se desdobra o amplo *campus* do direito cultural, o qual, tendo por base o que vem sendo designado por constituição cultural, se encontra polarizado em torno do Estado cultural que uma tal constituição suporta e que, bem vistas as coisas, é, simultaneamente, um Estado de direito cultural, enquanto garante um conjunto de direitos e liberdades fundamentais pessoais de caráter cultural, e um Estado democrático cultural, enquanto se apresenta constitucionalmente empenhado na realização dos chamados direitos culturais." Nabais, José Casalta – *Introdução ao Direito do Património Cultural*, 2004, p. 59.

[234] Soares, Inês Virgínia Prado – *Cidadania cultural...*, p. 88.

cido pela Constituição, com respeito à diversidade cultural, sendo as línguas portadoras de referência cultural intrínseca[235].

Por esta razão, no respeito pelo princípio consagrado pela Constituição, é vinculado constitucionalmente ao Estado o dever de proteção, promoção e valorização das demais línguas, além da língua portuguesa, e da sua idiossincrasia cultural reconhecida pelo Estado – como, por exemplo, a língua mirandesa e a LGP[236].

2. O direito à identidade cultural e linguística

Numa perspetiva jurídico-constitucional[237], a Constituição prevê três características fundamentais do direito fundamental à cultura:

a) Os *direitos relativos à identidade cultural* (arts. 11.º, n.º 3, e 78.º, n.º 2, alínea c))

É considerada como "componente ou desenvolvimento do direito à identidade pessoal (art. 26.º, n.º 1), pois a pertença a um povo com uma identidade cultural comum (78.º, n.º 2, alínea c)) faz parte também da individualidade de cada pessoa"[238].

Jorge Miranda afirma que[239]

> o presente artigo explicita um verdadeiro direito à identidade cultural, porque a identidade cultural do povo a que se pertence faz parte da individualidade de cada pessoa e, assim, esse direito radica no próprio direito ao desenvolvimento da personalidade (artigo 26.º, n.º 1) Por seu lado, o direito ao uso da língua portuguesa vem a ser a outra, e primeira componente do direito à identidade comum. Pois, se a língua entra no património cultural, agora não se trata tanto de a tomar passiva ou estaticamente quanto de a encarar realidade atual e ativa, cujo uso há de prevalecer, dinamicamente, no confronto de outras línguas [...].

[235] Cf. Soares, Inês Virgínia Prado – *Cidadania Cultural e Direito à Diversidade Linguística: A Conceção Constitucional das Línguas e Falares do Brasil como Bem Cultural*, 2008, p. 87.

[236] Cf. Silva, Vasco Pereira da – *A cultura a que tenho direito. Direitos Fundamentais e Cultura*, 2007, p. 61.

[237] *Vide* Silva, Vasco Pereira da – *Op. cit.*, pp. 70-86; Miranda, Jorge; Medeiros, Rui – *Op. cit.*, pp. 1440-1443; Canotilho, J. J. Gomes; Moreira, Vital – *Op. cit.*, pp. 925-930.

[238] Miranda, Jorge – *Op. cit.*, pp. 17-18; Miranda, Jorge; Medeiros, Rui – *Op. cit.*, p. 1442.

[239] Miranda, Jorge; Medeiros, Rui – *Op. cit.*, p. 1442.

E, continuando,

> [...] o uso da língua portuguesa pelos cidadãos portugueses e pelos cidadãos de outros países que também a falem constitui um direito fundamental, e direito, liberdade e garantia. Mas não deriva propriamente do artigo 11.º, n.º 3, e sim do direito à identidade pessoal (artigo 26.º, n.º 1) – de que faz parte a identidade cultural e linguística – assim como do direito à criação e à fruição (artigos 42.º, n.º 1, e 78.º, n.º 1, 1.º parte [...].[240]

b) As *liberdades culturais* (arts. 42.º; 73.º, n.º 3; e 78.º, n.º 1)

Não esquecendo as liberdades estritamente culturais em conexão com os demais direitos, é essencialmente a *liberdade de criação cultural* que surge como primeira característica do direito fundamental à cultura, ou seja, nas palavras de Jorge Miranda, "é a manifestação do próprio desenvolvimento da personalidade", pressupondo "a autonomia da pessoa na determinação do objeto, da forma, do tempo e do modo de qualquer obra artística, literária e científica, sem interferência de qualquer poder público ou privado"[241].

c) Os *direitos de acesso a bens culturais* (arts. 73.º; 74.º, n.º 2, alíneas d), h) e i); e 78.º)

Compreende, por um lado, o direito à formação cultural em geral, que se reconduz ao direito à educação e ao ensino e, por outro lado, o direito à fruição cultural, compreendendo o direito de acesso ao património cultural[242].

3. O direito de conhecer a língua por parte das pessoas surdas

Em geral, o *direito de conhecer* a língua também é considerado como *direito cultural*, ou seja, direito ao respeito pela diferença e pela identidade pró-

[240] Miranda, Jorge; Medeiros, Rui – *Op. cit.*, p. 205 (sublinhado nosso).

[241] Miranda, Jorge; Medeiros, Rui – *Op. cit.*, p. 923; *vide* Canotilho, J. J. Gomes; Moreira, Vital – *Op. cit.*, pp. 620-621.

[242] Cf. Miranda, Jorge – *Op. cit.*, pp. 23-24; *vide* Miranda, Jorge; Medeiros, Rui – *Op. cit.*, p. 1440; Canotilho, J. J. Gomes; Moreira, Vital – *Op. cit.*, pp. 925-926.

pria. Em primeiro lugar, o direito de conhecer a língua é equiparado a um *direito de liberdade*, de acordo com a 2.ª parte de art. 74.º, em conjugação com o art. 26.º, n.º 1 (identidade pessoal), o art. 42.º (liberdade de criação cultural) e o art. 78.º, n.º 1, 1.ª parte (fruição cultural), da CRP, artigos que têm por objeto o gozo e acesso pleno ao desenvolvimento da identidade própria, ou seja, da identidade cultural e linguística das pessoas surdas. As pessoas surdas têm o direito a preservar "os elementos fundamentais da sua cultura para fruição presente e transmissão às próximas gerações a fim de garantir a sua fruição e o seu resguardo"[243]. Em segundo lugar, nos termos do art. 78.º, da CRP, prevê-se o direito à cultura, para exigir ao Estado atuações positivas relativas à promoção da vida cultural – *direito à prestação*.

4. O direito à aprendizagem da língua própria

De acordo com a 3.ª parte do art. 74.º, em conjugação com o art. 43.º e o art. 73.º [244], da CRP, a liberdade de aprender e adquirir a língua própria é vista como *direito de liberdade*. Ainda nos termos dos arts. 73.º e 74.º, quando se trata de exigir ao Estado prestações fácticas (por exemplo, contratação de intérpretes) para a educação bilingue, continua a tratar-se do *direito à prestação*.

De acordo com o art. 74.º, n.º 2, alínea h), a norma constitucional garante os direitos das pessoas surdas em matéria educativa, um verdadeiro "núcleo irredutível", porque é reconhecido expressamente pela Constituição e atribui às pessoas surdas o exercício dos seus direitos relacionados com a sua língua na educação.

Face à sua natureza jurídica, o *direito à aprendizagem da língua própria* é visto igualmente como o direito ao conhecimento da língua com caráter cooficial. O direito de conhecer a língua tem uma consequência inerente ao estatuto da cooficialidade linguística, como já dissemos antes, pois a língua é vista como meio de comunicação entre o Estado e as pessoas surdas, que têm o direito de utilizar esta língua. Consequentemente, o

[243] Cf. Soares, Inês Virgínia Prado – *Op. cit.*, pp. 83-101.

[244] *Vide* Miranda, Jorge; Medeiros, Rui – *Op. cit.*, pp. 928-936 e pp. 1410-1411; Canotilho, J. J. Gomes; Moreira, Vital – *Op. cit.*, pp. 624-629 e pp. 886-893.

Estado tem obrigação de promover e desenvolver a inclusão da língua no plano curricular[245]. Citando LIBARONA:

> [...] a integração do ensino das línguas oficiais no currículo educativo configura-se com caráter instrumental, sendo verdadeiramente transcendente do ponto de vista do estatuto constitucional das línguas, garantindo os resultados do conhecimento. O sistema escolar deve garantir um nível de conhecimento das línguas que permitam o exercício do direito de utilizar as línguas oficiais.[246]

O direito à aprendizagem da LGP só se produz eficazmente através da inclusão do currículo escolar como *garantia da normalização linguística*. Segundo ANDRÈS DÍAZ, a normalização significa "converter algo em normal"[247]. Assim, a normalização linguística é compreendida como

> conjunto de medidas políticas e sociais que conduzem a lograr uma situação equilibrada no uso social de duas ou mais línguas coexistentes no mesmo entorno social, proporcionando a igualdade de oportunidades no uso linguístico e igualdade de direitos linguísticos a falantes.[248]

E, complementarmente, a normalização da língua em situação débil, como é o caso da LGP, pode ser vista como

> conjunto de medidas políticas e sociais que conduzem a outorgar e restituir a uma língua uma situação normal no uso social, evitando o seu retrocesso ou seu desaparecimento, e proporcionando a igualdade de oportunidades no uso linguístico e direitos linguísticos aos seus falantes.[249]

Assim, o art. 74.º atribui ao Estado a responsabilidade de garantir, promover e valorizar a LGP, através da normalização linguística, para permi-

[245] VERNET I LIOBET, Jaume; POU I PUJOLRÀS Augustí – *Op. cit.*, p. 158.
[246] URRUTIA LIBARONA, Iñigo – *Lengua y Derecho a la Educación en la Comunidad autónoma del País Vasco: Reflexiones jurídicas sobre el tránsito hacia un nuevo modelo*, 2006, pp. 291-292.(tradução nossa).
[247] Cf. ANDRÉS DÍAZ, Ramón – *Los procesos de normalización social de las lenguas*, 2006, p. 197.
[248] *Idem*, p. 204 (tradução nossa).
[249] *Idem*, p. 204 (tradução nossa).

tir às pessoas surdas o seu exercício em qualquer contexto, em situação de normalidade – por exemplo, nos serviços públicos e na educação – no âmbito da convivência das línguas cooficiais, a LGP e o português, no mesmo espaço social – *princípio do bilinguismo integral*. Por fim, a presença da língua no uso social, no caso das pessoas surdas, deve ser assegurada, de forma eficaz, através da normalização linguística.

Para compreendemos as particularidades do direito à educação das pessoas surdas, consagrado pela Constituição, temos de ter em conta dois aspetos fundamentais, nomeadamente:

a) O direito a receber a educação em determinada língua

Do ponto de vista jurídico, segundo o artigo 74.º, n.º 2, alínea h), da CRP, em correlação com os arts. 73.º, n.º 1, e 43.º, n.º 1, da CRP, a LGP é perspetivada como *direito de acesso à educação*. Então, a Constituição reconhece e garante o direito à educação da língua própria, juntamente com a língua estatal, o português, nos termos do art. 74.º, n.º 2, alínea h) e do art. 11.º, n.º 3, respetivamente.

Consequentemente, o português e a LGP são línguas cooficiais da educação, ou seja, são as *línguas veiculares de aprendizagem e de ensino* das pessoas surdas, estando em condição de igualdade de oportunidades de acesso e êxito escolar, nos termos do art. 74.º, n.º 1 (e outras normas já referidas antes), sem discriminação baseada numa língua. Está em causa o *princípio do bilinguismo integral*. Este está previsto no art. 23.º, n.º 1, do Decreto-Lei n.º 3/2008, alterado pela Lei n.º 21/2008:

> A educação das crianças e jovens surdos deve ser feita em ambientes bilingues que possibilitem o domínio da LGP, o domínio do português escrito e, eventualmente, falado, competindo à escola contribuir para o crescimento linguístico dos alunos surdos, para a adequação do processo de acesso ao currículo e para a inclusão escolar e social.[250]

[250] A legislação em questão encontra-se prevista no Programa Curricular, feito pelo Ministério da Educação, que considera: "[...] qualquer língua pode servir como instrumento de aprendizagem e como objeto de conhecimento. [...] Visa orientar a criação de condições que permitam um desenvolvimento da LGP nos alunos surdos, equivalente aos alunos ouvintes na LP. Para conseguir este objetivo há que garantir o acesso à informação, à representação do

Por conseguinte, a LGP pode servir como *instrumento de aprendizagem* e como *objeto de conhecimento* e as pessoas surdas têm o direito de adquirir e utilizar as duas línguas, estando em igualdade de condições de uso da língua reconhecida pelo Estado. Ou melhor, as pessoas surdas têm direito a aprender línguas cooficiais: a LGP, como língua própria, inserida na comunidade minoritária; e o português, como segunda língua, pois a pessoa surda é um cidadão português na sociedade maioritária onde se fala a língua oficial, o português. Portanto, as pessoas surdas são, na verdade, bilingues, pois vivem e convivem no dia a dia com línguas cooficiais: a LGP e o português.

As pessoas surdas têm o direito, constitucionalmente consagrado, a receber a educação pela sua própria língua, juntamente com a língua estatal, respeitando o princípio do bilinguismo integral. Está em causa o reconhecimento do *direito fundamental à educação bilingue*, tendo a LGP e o português como línguas cooficiais veiculares da educação. Se o Estado negar o direito à educação a crianças surdas através da sua língua própria, está a violar o princípio do bilinguismo integral e da igualdade de oportunidades. É importante relembramos a afirmação:

> [...] a educação bilingue deve ser encarada não como uma necessidade para os surdos, mas sim como um direito, tendo sempre como base o pressuposto de que as línguas gestuais são património da humanidade e que expressam a cultura da comunidade surda..[251]

b) O direito de escolher a LGP como língua veicular da educação

O direito de escolher a língua é parte integrante da liberdade linguística. De acordo com Pou i Pujolràs, é "o direito de cada cidadão a fazer um uso legalmente válido da língua oficial escolhida ante Estado e os

mundo e do conhecimento e o meio mais eficaz de processar as aprendizagens, que é sempre através da língua natural dos alunos. [...] É ainda através da LGP que o aluno surdo poderá aceder de forma mais facilitadora à segunda língua, a língua do seu país e da comunidade linguística maioritária, a Língua Portuguesa, e ainda a outras línguas orais/escritas. É fundamental que a LP, na sua forma escrita, seja sempre encarada como segunda língua, seguindo um currículo próprio, e não como qualquer outra língua estrangeira, mas como segunda língua, especificamente para surdos. [...]" Ministério da Educação – *Op. cit.*, p. 11.

[251] Cf. Ministério da Educação – *Op. cit.*, p. 11 (sublinhado nosso).

indivíduos"[252]. Ou seja, as pessoas surdas têm direito de escolher a LGP como meio de comunicação, que é um uso juridicamente válido e eficaz, nas relações sociais públicas e privadas, incluindo nos serviços públicos.

O *direito de escolher a língua veicular da educação* é visto como *direito de liberdade*, ou seja, a liberdade de aprender e de ensinar, baseada nos arts. 43.º, n.º 1, e 73.º, n.º 1, da CRP. Do ponto de vista jurídico-constitucional, o direito de escolher a língua veicular da educação não significa escolher entre uma das línguas reconhecidas pelo Estado, pois as pessoas surdas têm o dever de conhecer a língua do Estado, o português, nos termos do art. 11.º, n.º 3, da CRP[253]. Assim, o direito a escolher a língua implica-se, fundamentalmente, na escolha de ensino (mediante intérprete de LGP e/ou profissionais de LGP integrados no plano de estudos) e as práticas pedagógicas e curriculares do projeto educativo da LGP.

Em termos sucintos, é constitucionalmente admissível o direito de opção por parte das pessoas surdas à língua veicular da educação no que diz respeito à LGP, podendo ser escolhida ou não como língua veicular da aprendizagem, no âmbito do princípio do bilinguismo integral e do respeito pela liberdade de aprender constitucionalmente tutelada. Por esta razão, a pessoa surda tem o direito constitucionalmente reconhecido de escolher a LGP como primeira língua. Ou seja, as pessoas surdas só podem exercer o direito de opção no âmbito da existência de oferta prestacional estabelecida pelo Estado nas redes de escolas, que devem estar preparadas para receber os alunos para o ensino das línguas cooficiais, a LGP e o português. Segundo Muro i Bas, a primeira língua veicular de aprendizagem é vista como *centro de normalização linguística* para superar as barreiras comunicativas e favorece a integração social. No caso de não se optar pela LGP como primeira língua no currículo escolar, não quer dizer que as pessoas surdas fiquem privadas do acesso à educação. O Estado assegura e disponibiliza outros meios alternativos, incluindo a LGP como meio complementar de aprendizagem, por força da Constituição, nos termos do art. 74.º, n.º 2, alínea g): "Promover e apoiar o

[252] Vernet i Liobet, Jaume [*et al.*] – *Op. cit.*, p. 159 (tradução nossa); *vide* Pérez Fernández, José Manuel – *Op. cit.*, pp. 39-41.

[253] Segundo Jorge Miranda, a língua oficial implica "o ensino em português em todas as escolas públicas [...]", Miranda, Jorge; Medeiros, Rui – *Op. cit.*, p. 205.

acesso dos cidadãos portadores de deficiência ao ensino e apoiar o ensino especial, quando necessário."

SECÇÃO VI – O direito de aceder à língua como garantia de não-discriminação e igualdade de oportunidades e como garantia de acessibilidade

Nos termos da 3.ª parte do art. 74.º, em conjugação com o art. 13.º, n.º 2, da CRP, o *direito de aceder à língua*, a LGP, também deve ser perspetivado como *direito subjetivo à igualdade e não-discriminação linguística.* Sem esquecer as partes expostas na CDPD, o direito à acessibilidade está interligado com o *princípio da igualdade de oportunidades*, que, segundo De Asís Roig, constitui um núcleo essencial dos direitos fundamentais[254], os quais asseguram e garantem a todos o acesso e exercício pleno dos seus direitos declarados como fundamentais, em igualdade de condições.

Efetivamente, a Constituição proíbe a *dupla discriminação*: por um lado, a linguística, por outro, a falta de acessibilidade aos serviços públicos.

E, nos termos do art. 4.º, alínea d), da Lei n.º 46/2006,

> *consideram-se práticas discriminatórias contra pessoas com deficiência* as ações ou omissões, dolosas ou negligentes, que, em razão da deficiência, *violem o princípio da igualdade*, designadamente: [...] d) *A recusa ou o impedimento da utilização e divulgação da língua gestual* [...] (itálico nosso)

O Estado, em geral, está obrigado a adaptar-se às particularidades daquelas pessoas – sob pena de violação do princípio de igualdade de oportunidades e de acessibilidade no acesso aos serviços públicos – para as atender numa determinada língua, através de um intérprete que tem como objetivo estabelecer a comunicação entre aquelas pessoas surdas e os serviços públicos e garantir o acesso pleno ao exercício dos seus direitos em geral.

Historicamente, as pessoas com deficiência em geral eram vistas como objetos de exclusão social, marginalização, discriminação e preconceito. Infelizmente, atualmente, a discriminação persiste e as pessoas com

[254] De Asís Roig [*et al.*] – *Op. cit.*, p. 107.

deficiência são um grupo vulnerável em matéria de direitos e liberdades fundamentais.

No caso das pessoas surdas, consiste numa discriminação *invisível* na medida em que a sociedade não distingue claramente a presença de uma pessoa surda. Para combater a discriminação invisível destas pessoas, é preciso ter uma base compreensiva acerca dos direitos essenciais das pessoas surdas; ou melhor, só é possível combater a discriminação quando houver uma cultura de inclusão das pessoas surdas, no sentido de se compreender o sistema complexamente jurídico dos direitos fundamentais, a fim de permitir a defesa dos seus direitos, bem como sua integração plena no seio da sociedade globalizada.

A CDPD é um instrumento normativo e produtor de efeitos vinculativos para o Estado, incluindo a sociedade em geral, para permitir às pessoas surdas defender e exigir os seus direitos, restringidos ou limitados de forma invisível ou (in)direta por parte dos órgãos públicos em geral. É importante relembrar que a discriminação não consiste exclusivamente na esfera de índole subjetiva da pessoa. Além disso, a discriminação também consiste numa esfera essencialmente objetiva e externa, ou seja, a discriminação também é uma forma atentatória da sua dignidade sempre que há uma restrição ou limitação ao exercício dos direitos que foram reconhecidos pela Convenção.

Para as pessoas surdas, a utilização da LGP reflete-se fundamentalmente na sua dignidade e é *conditio sine qua non* no exercício dos seus direitos na sociedade; caso contrário, é uma forma atentatória e discriminatória da sua dignidade.

SECÇÃO VII – A força jurídica dos direitos das pessoas surdas na Constituição

No que concerne aos direitos das pessoas surdas, alguns dos que lhes são reconhecidos pela Constituição são vistos como direitos sem aplicabilidade *direta*, ou seja, "normas precetivas e programáticas não exequíveis por si mesmas"[255].

[255] Jorge Miranda explica: "[...] quer as normas programáticas quer as normas precetivas não exequíveis por si mesmas caracterizam-se pela relevância específica do tempo, por uma conexa autolimitação e pela necessidade de concretização, e não só de regulamentação legis-

Assim, a maioria dos direitos das pessoas surdas em questão é vista como necessitando de uma *interpositio legislatoris* ao Estado para concretizar e assegurar os direitos reconhecidos constitucionalmente, carecendo de regulamentação para produzir uma eficácia plena. Por outras palavras, a efetiva concretização dos direitos das pessoas surdas exige uma intervenção legislativa, para a produção de normas que garantam o direito, que definam as faculdades que o integram e os meios concretos para o seu exercício[256]. Só assim esta pode ser exequível e imediata, sob pena de violação do dever constitucional de promover e assegurar os direitos fundamentais.

No entanto, tal *não significa que todos os direitos dependem da intervenção legislativa* na realização e concretização dos direitos fundamentais. Então, o direito à língua, no âmbito do direito de utilizar a sua língua sem discriminação, reconhecida e respeitada pela existência de particularidades linguísticas e culturais, é um *direito de liberdade,* isto é, retirado diretamente da própria norma, especialmente por via das normas da CDPD, que o consagra como *direito de liberdade,* com conteúdo preciso e determinado e com uma aplicabilidade direta, nos termos do art. 18.º, n.º 1, da CRP. Traduzindo que o princípio de aplicabilidade direta implica aqueles direitos que podem ser invocáveis diretamente, o mesmo inexiste de intervenção legislativa e vale como tal.

Os restantes direitos expostos estão sujeitos à *interpositio legislatoris* para serem concretizados os conteúdos normativos de exercício dos direitos fundamentais e serem realizados as prestações normativas, de forma complementar e, eventualmente, prestações fácticas disponíveis ao exercício dos direitos fundamentais.

Para as pessoas surdas, os direitos em questão são um fundamento de *princípio da dignidade humana* e de *igualdade de oportunidades* para

lativa. Separam-se, no entanto, por as normas precetivas não exequíveis por si mesmas postularem apenas a intervenção do legislador, atualizando-as ou tornando-as efetivas, e as normas programáticas exigirem mais do que isso, exigirem não só a lei como providências administrativas e operações materiais. As normas não exequíveis por si mesmas precetivas dependem apenas de fatores jurídicos e de decisões políticas; as normas programáticas dependem ainda (e sobretudo) de fatores económicos e sociais." MIRANDA, Jorge – *Manual de Direito Constitucional.* Tomo II, p. 276.

[256] Cf. DAVID, Sofia – *Algumas reflexões sobre o direito à segurança social,* 2002, pp. 20-36.

exercer plenamente a cidadania em condição de igualdade. Segundo KRAUSNEKER,

> [...] o reconhecimento legal da língua irá dar um espaço minoritário de pensar e desejar, planejar e realizar as coisas que muitos outros dos seus membros pensam que precisam ou querem. A segurança básica sob a forma de direitos linguísticos irá influenciar profundamente o ensino e outras práticas mais relevantes [...] Mais atenção deve ser dada para melhorar o acesso em todas as esferas da vida: educação, trabalho, comunicação, etc. Neste contexto, as línguas gestuais são a chave principal para a integração social. Daí que a questão do reconhecimento das línguas gestuais se torne uma verdadeira questão de direitos humanos.[257]

O exercício dos direitos por parte das pessoas surdas pode construir-se como núcleo essencial da dignidade humana, por possuírem uma concretização constitucional do conteúdo determinada pela norma do art. 74.º, n.º 2, alínea h), da CRP, e pelas normas da CDPD, satisfazendo as necessidades mínimas e dignas para os titulares desses direitos, assegurados pelo Estado, e limitando o alcance da discricionariedade dos poderes públicos na realização dos direitos fundamentais[258]. O núcleo essencial referente às pessoas surdas é traduzido num conjunto de direitos fundamentais anteriormente expostos. Estes são os valores fundamentais da dignidade da pessoa humana.

As normas dos direitos fundamentais têm vinculação constitucional, ou seja, exigem a intervenção do Estado, de forma a assegurar minimamente a esfera jurídica dos direitos fundamentais, reconhecida pela própria norma constitucional; ou seja, a norma do art. 74, n.º 2, alínea h), em conjugação com as normas aplicáveis da CDPD, possui, em certo sentido, a natureza de direitos fundamentais de natureza análoga, nos termos do art. 17 da CRP.

[257] TIMMERMANS, Nine. *Op. cit.*, pp. 9-10 (tradução nossa).

[258] *Vide* GÓNGORA MERA, Manuel Eduardo – *El Derecho a la educación. En la Constitución, la Jurisprudencia y los Instrumentos Internacionales*, 2003, pp. 21-22.

De acordo com os artigos expostos, independentemente da natureza jurídica dos direitos de liberdade e dos direitos sociais[259], o Estado tem obrigação de assegurar, pelo menos, os direitos fundamentais em conformidade com a norma constitucional e com as normas da CDPD que está obrigado a concretizar e não reduzindo os preceitos essenciais do exercício de seus direitos, nos termos do art. 18, n.º 3, da CRP. Ou seja, o Estado tem obrigação de adotar as medidas necessárias para a plena realização dos direitos reconhecidos que permitam efetivamente o acesso das pessoas surdas, por exemplo, o uso de LGP, sob pena de violação do dever constitucional de proteção e de promoção da LGP. A violação ou restrição ao exercício de qualquer direito fundamental atribuído às pessoas surdas deixa-as vulneráveis e privadas de exercer os seus direitos, reduzindo-as assim a *deficientes sociais* e violando igualmente os princípios da dignidade da pessoa humana e da igualdade das oportunidades.

Enfim, em rigor, o Estado tem de garantir sempre a maximização dos recursos disponíveis sempre que é necessário, com vista a alcançar progressivamente o pleno exercício dos direitos reconhecidos. Portanto, o Estado só estará obrigado a intervir se puder disponibilizar os recursos financeiros necessários e proporcionais para a realização das prestações fácticas[260].

Acima de tudo, isto não significa que o Estado só deva intervir no âmbito do quadro financeiro disponível; pelo contrário, o Estado é obrigado de adotar as medidas efetivas, pelo menos, prestações necessárias e imprescindíveis para garantir a concretização dos direitos fundamentais, baseado no respeito pela dignidade da pessoa humana.

[259] Em relação aos direitos sociais, este entendimento também pode estar relacionado, de facto, com *princípio de reserva do possível*, isto é, a incapacidade do Estado para concretizar os direitos fundamentais, em especial os direitos económicos, sociais e culturais, devido à falta de recursos financeiros disponíveis para o efeito.

[260] Cf. Novais, Jorge Reis – *A reserva do possível ou do financeiramente possível.* (Textos de apoio de Direitos Fundamentais) Lisboa: Faculdade de Direito de Universidade Nova da Lisboa. 1.º Semestre do ano letivo: 2009/2010. p. 8; *vide* art. 4.º, n.º 2, da CDPD; *vide* CEC. NAÇÕES UNIDAS – Informe: *El concepto de la "realización progresiva" de los derechos económicos, sociales y culturales*, 2007. [Consult. 15 fev. 2011] Disponível em: http://www2.ohchr.org/SPdocs/Issues/Disability/E.2007.82_sp.doc

CONCLUSÃO

Quanto à pessoa surda como titular de direitos humanos, em primeiro lugar, a CDPD reconhece que o conceito de *pessoa com deficiência* tem um caráter aberto e flexível, ou seja, só tem que ver com o facto de ser uma pessoa para quem as diversas barreiras impostas pela sociedade criam limitações que não lhes permitem participar plena e efetivamente na sociedade, em igualdade de condições com os demais. A CDPD impõe ao Estado a eliminação e remoção das barreiras sociais e, ainda, a promoção dos direitos daquelas pessoas na sociedade, em igualdade de condições com as restantes, em manifesto respeito pela dignidade da pessoa.

É redutor afirmar que a pessoa surda se resume a ser portadora de deficiência auditiva, porque a pessoa surda tem uma forma própria de se identificar face aos demais e um modo de adquirir, de maneira ativa e passiva, a língua gestual, como ponto central de justificação, com a sua visão própria do mundo, através da sua especificidade linguística e cultural.

Assim, para enquadrar o conceito de pessoa com deficiência, para que a pessoa surda passe de *pessoa deficiente* a *pessoa diferente*, é necessário ter absoluto respeito pelos seus direitos e garantir-lhe acesso pleno à sociedade, sem limitações sociais adicionais que resultem em *deficiência social*, em cujo caso as pessoas surdas não se tornam portadoras de "deficiência física". Para as pessoas surdas, a principal barreira é a falta de acessibilidade, nomeadamente de índole comunicativa, principalmente nos serviços públicos.

Em relação aos direitos das pessoas surdas no âmbito internacional, em 2007 surgiu a CDPD, o primeiro tratado internacional que reconhece e protege os direitos das pessoas surdas. É verdade que a CDPD não cria novos direitos, mas garante o gozo dos mesmos direitos de que qualquer outra pessoa dispõe. As pessoas surdas dispõem de determinados conjuntos de direitos, consagrados e reconhecidos pela CDPD: os direitos linguísticos e culturais, considerados direitos fundamentais. Estes incluem: o direito à língua; o direito à identidade cultural; o direito à educação em determinada língua; o direito à igualdade de oportunidades e não-discriminação em razão da língua e, por último, o direito à acessibilidade nos serviços públicos.

Em relação à comunidade surda como minoria linguística, a CDPD afirma ainda que os Estados devem reconhecer e promover a identidade cultural e linguística da comunidade surda na qual as pessoas surdas se inserem e se constituem, *de facto* (não *de iure*), como minoria linguística. As pessoas surdas, enquanto titulares, possuem direitos essencialmente individuais de livre escolha para participar e desenvolver a sua identidade própria no seio da comunidade linguística. A comunidade surda é vista como comunidade cultural e linguística sem dimensão territorial, mas de origem cultural, isto é, como um espaço social e funcional indispensável ao pleno desenvolvimento da língua, no caso, da LGP.

Assim, os direitos das pessoas surdas devem ser vistos na dupla dimensão de proteção dos direitos das minorias e dos direitos das pessoas com deficiência, à luz da CDPD. Nesta perspetiva, as normas sobre proteção das minorias e das pessoas com deficiência não são incompatíveis. Muito pelo contrário, estão interligadas e são interdependentes entre si. Esta perspetiva visa reforçar a proteção daquelas pessoas, justificando o seu tratamento diferenciado, isto é, cada pessoa é reconhecida como tendo características próprias, devendo ser tratada com respeito pela sua identidade pessoal e pela necessidade de integração na sociedade, em igualdade de tratamento e de oportunidades.

Analisando o estatuto jurídico-constitucional dos direitos das pessoas surdas, em especial o direito ao uso da própria língua, a LGP, este foi consagrado, pela primeira vez, na nossa Constituição na revisão constitucional de 1997, no art. 74.º, n.º 2, alínea h). A leitura do artigo em questão pode levar-nos a concluir que os direitos daquelas pessoas devem ter em consideração o acesso pleno ao exercício dos direitos fundamentais, ou seja, os direitos linguísticos e culturais, em igualdade de tratamento e de oportunidades.

A LGP é considerada uma língua própria, com caráter cooficial, no sentido de ser língua minoritária – a língua própria das pessoas surdas, enquanto membros da comunidade surda, que tem um estatuto jurídico com caráter materialmente cooficial. A LGP é vista como meio normal de comunicação, juridicamente válido e eficaz, entre as pessoas surdas e as restantes (incluindo os entes públicos), reconhecido pelo Estado como direito linguístico consagrado às pessoas surdas, imprescindível ao exercício da cidadania e à sua integração na sociedade em que vivem, permitindo-lhes superar as barreiras comunicativas que dificultam o exercício dos seus direitos. É verdade que o estatuto de cooficialidade da LGP em questão é a forma mais eficaz para proteger os direitos linguísticos. Para as pessoas surdas, usar a LGP representa o mais alto nível de garantia de exercício dos direitos linguísticos.

Os direitos das pessoas surdas possuem a dupla dimensão dos direitos fundamentais: por um lado, numa perspetiva subjetiva, consagra-se às pessoas surdas a garantia de um direito subjetivo, em relação a um determinado conjunto de direitos fundamentais reconhecidos constitucionalmente. Em termos sucintos, subjetivamente, as pessoas surdas são titulares de direitos fundamentais, ou seja, têm a faculdade de exigir ao Estado que promova, garanta e proteja os seus direitos fundamentais, os direitos linguísticos e culturais. Por outro lado, numa perspetiva objetiva, os direitos das pessoas surdas, enquanto elemento objetivo do ordenamento jurídico-constitucional, obrigam à atuação estatal para a realização e concretização dos direitos fundamentais, através da proteção e promoção dos direitos linguísticos e culturais dos seus titulares.

Os direitos das pessoas surdas em questão podem ser vistos como necessitando de uma *interpositio legislatoris* ao Estado para concretizar e assegurar os direitos fundamentais reconhecidos, carecendo de regulamentação para produzir eficácia plena. Por outras palavras, a efetiva concretização dos direitos das pessoas surdas previstos constitucionalmente exige uma intervenção legislativa para a produção de normas que garantam o direito, que definam as faculdades que o integram e os meios concretos para o seu exercício. A partir daqui, esta pode ser exequível e imediata, sob pena de violação do dever de promover e assegurar os direitos fundamentais.

Para as pessoas surdas, os conjuntos de direitos em questão são o núcleo mínimo e essencial dos direitos fundamentais que o Estado deve assegurar e proteger, vistos como fundamento do princípio da dignidade humana para exercer o direito em condições de igualdade.

Após a análise, conclui-se que os direitos das pessoas surdas são uma questão de direitos humanos – sem língua gestual, não há direitos humanos!

BIBLIOGRAFIA

AGUADO DÍAZ, A. – *Historia de las Deficiencias.* Madrid: Escuela Libre Editorial, 1995.

ALEXY, Robert – *Teoría de los Derechos Fundamentales.* 2.ª ed. Madrid: Centro de Estudios Políticos y Constitucionales, 2008.

ANDERSON, Yerker – *The Deaf People as a Linguistic Minority.* Hamburg: Signum Veriag, 1994.

ANDRADE, José Carlos Vieira de – *Os Direitos Fundamentais na Constituição Portuguesa de 1976.* 4.ª ed. Coimbra: Almedina, 2009.

ANDRÉS DÍAZ, Ramón – *Los procesos de normalización social de las lenguas.* In PÉREZ FERNÁNDEZ, José Manuel (coord.) – *Estudios sobre el Estatuto Jurídico de las Lenguas en España.* 1.ª ed. Barcelona: Atelier Libros Jurídicos, 2006.

ANTÓNIO NÚÑEZ, Manuel – *Constitución y* Multilingüismo. *Introducción y jurisprudencia del Tribunal Constitucional Español.* Revista Chilena de Derecho, Vol. 30, n.º 2, 2003.

ARAÚJO, António de – *Cidadãos Portadores de Deficiência – O Seu Lugar na Constituição da República.* Coimbra: Coimbra Editora, 2001.

ARTETA, Aurelio – *In principio erat verbum (sobre la política lingüística vasca)* In MARÍA SAUCA, José (coord.)) – *Lenguas, Política, Derechos.* Madrid: Universidad Carlos III de Madrid y Boletín Oficial del Estado, 2000.

BLÁZQUEZ, D. (ed.) – *Los Derechos de las Personas Mayores: Perspectivas Sociales, Jurídicas, Políticas y Filosóficas.* Madrid: Dykinson, 2006.

BRAGA, Luziânia Carla Pinheiro – *Aplicabilidade das Normas Constitucionais de Direitos de Liberdade. Lisboa: Faculdade de Direito de Universidade de Lisboa,* 2008. (Relatório de curso de Doutoramento) [Consult. 1 dez. 2010] Disponível em: http://www.icjp.pt/artigos-e-trabalhos/2

BRANSON, Jan; MILLER, Don – *Damned for Their Difference. The Cultural Construction of Deaf People as Disabled. A Sociological History*. EUA: Gallaudet University Press, 2002.

CANARIS, Claus-Wilhelm –

— *A influência dos direitos fundamentais sobre o direito privado na Alemanha*. In: SARLET, Ingo Wolfgang (org.) – *Constituição, Direitos Fundamentais e Direito Privado*. Porto Alegre: Livraria do Advogado, 2003.

— *Direitos Fundamentais e Direito Privado*, Coimbra: Almedina, 2009.

CANOTILHO, J. J. Gomes – *Direito Constitucional e Teoria da Constituição*. 7.ª ed. Coimbra: Almedina, 2000.

CANOTILHO, J. J. Gomes; MOREIRA, Vital – *Constituição da República Portuguesa Anotada*. Vol. I, Coimbra Editora, 2007.

CAPOTORTI, Francesco – *Proposed Definition of 'Minorities' within the Context of Article 27, ICCPR: Study on the Rights of Persons Belonging to Ethnic, Religious and Linguistic Minorities*. Nações Unidas, Nova Iorque, 1979, Documento E/CN.4/Sub.2/384/Rev.1.

CARROZZA, Paolo – *Lengua, política, derechos: una reseña histórico-comparada*. In MARÍA SAUCA José – *Lenguas, Política, Derechos*. Madrid: Universidad Carlos III de Madrid y Boletín Oficial del Estado, 2000.

CARVALHO, Paulo Vaz de – *Breve História dos Surdos – no Mundo e em Portugal*. 1.ª ed. Lisboa: Surd'Universo, Livraria Especializada Lda., 2007.

CHERNICHENK, Stanislav – *Definition of Minorities*. Nações Unidas, Nova Iorque, 1996, Documento E/CN.4/Sub.2/AC.5/1996/WP.1.

CHIRIBOGA, Oswaldo Ruiz – *O direito à identidade cultural dos povos indígenas e das minorias nacionais: um olhar a partir do sistema interamericano. Sur – Revista Internacional de Direitos Humanos*. N.º 5, Ano 3. (2006). [Consult. 10 out. 2010] Disponível em: http://www.revistasur.org

COELHO, Orquídea (coord.) – *Perscrutar e Escutar a Surdez*. Santa Maria da Feira: Edições Afrontamento, novembro 2005.

CONTRERAS MAZARÍO, José María – *Minorías y Naciones Unidas. Especial referencia al concepto de minoría religiosa*, 2003. [Consult. 20 out. 2010] Disponível em: http://congreso.us.es/cidc/Ponencias/minorias/JoseContreras.pdf

CORONA FERREYRA, Román Rubén – *Minorías y grupos diferenciados: claves para una aproximación conceptual desde la perspectiva internacional*. Revista Jurídica Universidad Latina de América. Ano VI, n. º 22. (jul. – set.). 2006. [Consult. 15 out. 2010] Disponível em: http://www.unla.edu.mx/iusunla22/reflexion/minorias%20y%20grupos%20difernciados.htm

Courtis, C. – *La Convención sobre los Derechos de las Personas con Discapacidad: ¿ante un nuevo paradigma de protección?*, México, 2007. [Consult. 15 nov. 2010] Disponível em: www.bibliojuridica.org/libros/5/2468/10.pdf

David, Sofia – *Algumas reflexões sobre o direito à segurança social*, Verbo Jurídico, 2002. [Consult. 15 nov. 2010] Disponível em: www.fd.unl.pt/docentes_docs/ma/rgp_MA_4938.doc

De Arzúa Zulaica, Alfonso – *La oficialidad lingüística según la Constitución Española, en conexión con la Unión Europea.* Madrid: Universidad Complutense de Madrid, 1998. Tese de doutoramento [Consult. 21 nov. 2010] Disponível em: http://eprints.ucm.es/tesis/19972000/S/0/S0026601.pdf

De Asís Roig, Rafael [*et al.*] –

— *El significado de la accesibilidad universal y su justificación en el marco normativo español.* Madrid: Instituto de Derechos Humanos "Bartolomé de las Casas" - Universidad Carlos III de Madrid, 2005. [Consult. 21 nov. 2010] Disponível em: http://www.cermi.es/esES/Biblioteca/Lists/Publicaciones/Attachments/45/Elsignificadodelaaccesibilidaduniversalysujustific.pdf

— *La Convención Internacional sobre los Derechos de las Personas con Discapacidad y su impacto en el ordenamiento jurídico español.* Madrid: Instituto de Derechos Humanos "Bartolomé de las Casas" - Universidad Carlos III de Madrid, 2008. (Informe). [Consult. 10 out. 2010] Disponível em: http://turevent.inscribete.es/tutelaycuratela09/descargas/documentos_interes/3_informe_sobre_impacto_convencion_Instituto_Bartolome_de_las_Casas.pdf

De Carreras Serra, Francesc – *Derechos lingüísticos y enseñanza.* In María Sauca, José – *Lenguas, Política, Derechos.* Madrid: Universidad Carlos III de Madrid y Boletín Oficial del Estado, 2000.

Deschenes, Jules – *Proposal Concerning a Definition of the Term 'Minority'.* Nações Unidas, Nova Iorque, 1985, Documento E/CN.4/Sub.2/1985/31.

Eide, Asbjørn – *Working Definition of Minorities, Possible Ways and Means of Facilitating the Peaceful and Constructive Solution of Problems Involving Minorities.* Nações Unidas, Nova Iorque, 1993, Documento E/CN.4/Sub.2/1993/34.

Enrique Hamel, Rainer – *Derechos lingüísticos como derechos humanos: debates y perspectivas.* México: Alteridades, Universidad Autónoma Metropolitana - Iztapalapa, 1995, pp. 11-23. [Consult. 6 nov. 2010] Disponível em: http://redalyc.uaemex.mx/src/inicio/ArtPdfRed.jsp?iCve=74711345002

Feldens, Luciano – *Deveres de proteção penal na perspetiva dos Tribunais Internacionais de Direitos Humanos*, 2007. [Consult. 6 nov. 2010] Disponível em: http://www.dfj.inf.br/Arquivos/PDF_Livre/DOUTRINA_10.pdf

Fernández Liesa, Carlos R. – *Marco jurídico internacional de los derechos lingüísticos* In María Sauca, José – *Lenguas, Políticas, Derechos.* Madrid: Universidad Carlos III de Madrid y Boletín Oficial del Estado, 2000.

Freitas, Fábio F. B. de – *Democracia, igualdade, diferença e tolerância.* [Consult. 21 dez. 2010] Disponível em: http://www.dhnet.org.br/direitos/militantes/fabiofreitas/texto45.htm

Gall, Olivia – *Identidad, exclusión y racismo: reflexiones teóricas y sobre México,* 2004. [Consult. 12 fev. 2011]. Disponível em: http://www.ejournal.unam.mx/rms/2004-2/RMS04201.pdf

Gomes, Eduardo Biacchi; Both, Laura Garbini – *Cultura, democracia e idioma: o direito das minorias.* Cadernos da Escola de Direito e Relações Internacionais. N.º 10 (2009). [Consult. 10 out. 2010] Disponível em: http://apps.unibrasil.com.br/revista/index.php/direito/article/view/313

Góngora Mera, Manuel Eduardo – *El derecho a la educación. En la Constitución, la jurisprudencia y los instrumentos internacionales.* Bogotá: Defensoría del Pueblo, 2003. [Consult. 19 dez. 2010] Disponível em: http://www.defensoria.org.co/red/

Gurrera Roig, Matilde – *El pluralismo lingüístico.* Revista de Estúdios Políticos n.º 48 (nov. - dez.), 1985.

Jáuregui, Gurutz – *Derechos individuales versus derechos colectivos. Una realidad inescindible.* In Ansuátegui Roig, Francisco Javier (ed.) – *Una Discusión sobre Derechos Colectivos.* Madrid: Instituto de Derechos Humanos "Bartolomé de las Casas", Universidad Carlos III – Editorial Dykinson, 2001.

Jokinen, Markku – *Os utilizadores de língua gestual e a comunidade surda.* In BISPO, Maria [*et al.*]. *O Gesto e a Palavra I. Antologia de Textos sobre a Surdez.* Lisboa: Editorial Caminho, 2006.

Krausneker, Verena – *The protection and promotion of sign languages and the rights of their users in Council of Europe member states: needs analysis,* 2008. (Report) [Consult. 10 out. 2010] Disponível em: www.coe.int/t/dg3/disability

Ladd, Paddy [*et al.*] –

— *An agenda for change: principles and guidelines for policymaking and research in deaf-related areas.* Deaf Worlds International Journal of Deaf Studies, Vol. 19, n.º 2, 2003.

— *Reassessing Minority Language Empowerment from a Deaf Perspective: The other 32 Languages.* Mercator First International Symposium on Minority Languages and Research – European Minority Languages and Research: Shaping an Agenda for a Global Age. Aberystwyth, 2003 [Consult. 10 out. 2010] Disponível em: http://www.aber.ac.uk/mercator/images/LaddGulliverBatterburypaper0904031.pdf

LA RUE, Frank – *Derecho a la libertad de opinión y de expresión*, Doc. n.º A/HRC/14/23. (Informe ao Conselho dos Direitos Humanos), 2010 [Consult. 12 fev. 2011] Disponível em: http://daccess-dds-ny.un.org/doc/UNDOC/GEN/G10/130/52/PDF/G1013052.pdf?OpenElement;

LANE, Harlan –

— *A Journey into the Deaf-Word.* San Diego: DawnSignPress, 1996.

— *A Máscara da Benevolência. A Comunidade Surda Amordaçada.* Lisboa: Horizontes Pedagógicos, 1997.

— *Serão as pessoas surdas deficientes?* In BISPO, Maria [*et al.*]. *O Gesto e a Palavra I. Antologia de Textos sobre a Surdez.* Lisboa: Editorial Caminho, 2006.

LODI, Ana Cláudia Balieiro – *Plurilinguismo e surdez: uma leitura bakhtiniana da história da educação dos surdos.* São Paulo: Universidade Metodista de Piracicaba. Educação e Pesquisa. Vol. 31, nº. 3, 2005.

LÓPEZ, Felisa Pino – *La cultura de las personas sordas.* [Consult. 15 out. 2010] Disponível em: http://www.cultura-sorda.eu/resources/La+cultura+de+las+pe rsonas+sordas+Felisa+R.pdf

MARTINS, Mariana – *Vancouver 2010.* Lisboa. Revista Surdos Notícias. N.º 4, 2010.

MAGALHÃES, José – *Diário da Assembleia da República,* I Série. N.º 98. Comissão Eventual para 4.º Revisão Constitucional.

MILLIAN I MASSANA, Antoni –

— *La regulación constitucional del multilingüismo.* Revista Española de Derecho Constitucional, n.º 10, 1984.

— *Público y Privado en la Normalización Lingüística.* Barcelona: Atelier, 2000.

MIRANDA, Jorge; MEDEIROS, Rui – *Constituição Portuguesa Anotada – Tomo I.* 2.º ed. Coimbra: Coimbra Editora, 2010.

MIRANDA, Jorge –

— *Manual de Direito Constitucional. Direitos Fundamentais. Tomo II.* 3.ª ed. Coimbra: Coimbra Editora, 2000.

— *Manual de Direito Constitucional. Direitos Fundamentais.* Tomo IV. 3.ª ed. Coimbra: Coimbra Editora, 2000.

— *Notas sobre cultura, Constituição e direitos culturais.* [Consult. 1 dez. 2010] Disponível em: http://www.fd.ul.pt/Portals/0/Docs/Institutos/ICJ/LusCommune/MirandaJorge.pdf

MIRANDA, Wilson – *Comunidade dos Surdos: Olhares sobre os Contactos Culturais.* Dissertação de Mestrado. Porto Alegre, 2001.

MONTEIRO, Adriana Carneiro [*et al.*] – *Minorias étnicas, linguísticas e religiosas.* [Consult. 15 out. 2010] Disponível em: http://www.dhnet.org.br/dados/cursos/dh/br/pb/dhparaiba/5/minorias.html#2

MURO I BAS, Xavier – *Los deberes lingüísticos y la proyección de la cooficialidad lingüística sobre la distribución de competencias en la reciente jurisprudencia constitucional.* Revista Española de Derecho Constitucional. Ano 17. N.º 49. (jan.- abr.), 1997.

NABAIS, José Casalta –

— *Introdução ao Direito do Património Cultural.* Coimbra: Editora Almedina, 2004.

— *O Dever Fundamental de Pagar Impostos. Contributo para a Compreensão Constitucional do Estado Fiscal Contemporâneo.* Coimbra: Livraria Almedina, 2009.

NIVIA, Diana – *Una Aproximación a las Representaciones sobre la Lengua Escrita desde el Mundo de los Sordos.* Caracas: Instituto Pedagógico de Caracas, 2008. Tese de Mestrado [Consult. 15 out. 2010] Disponível em: http://www.cultura-sorda.eu/resources/Tesis_Nivia_2008.pdf

NOVAIS, Jorge Reis –

— *A reserva do possível ou do financeiramente possível.* (Textos de apoio de Direitos Fundamentais). Lisboa: Faculdade de Direito da Universidade Nova de Lisboa. 1.º Semestre de Ano Letivo: 2009/2010. [Consult. 19 dez. 2010] Disponível em: http://www.fd.unl.pt/eapoio/selecionar_disciplina.asp

— *Direitos de liberdade e direitos sociais na Constituição portuguesa.* (Textos de apoio de Direitos Fundamentais). Lisboa: Faculdade de Direito da Universidade Nova de Lisboa. 1.º Semestre de Ano Letivo: 2009/2010. [Consult. 19 dez. 2010] Disponível em: http://www.fd.unl.pt/eapoio/selecionar_disciplina.asp

— *Direitos Sociais. Teoria Jurídica dos Direitos Sociais enquanto Direitos Fundamentais.* Coimbra: Coimbra Editora, 2010.

PADDEN, Carol – *The Deaf Community and the Culture of Deaf People.* In WILCOX (ed.) – *American Deaf Culture – An Anthropology.* Maryland: Linstok Press, 1998. [Consult. 10 out. 2010] Disponível em: http://www.feneis.com.br/arquivos/As%20L%C3%ADnguas%20de%20Sinais%20e%20as%20Comunidades%20Surdas.doc

PALACIOS, Agustina; BARIFFI, Francisco – *La Discapacidad como una Cuestión de Derechos Humanos. Una Aproximación a la Convención Internacional sobre los Derechos de las Personas con Discapacidad.* 1.ª ed. Madrid: Ediciones Cinca, 2007.

[Consult. 10 out. 2010] Disponível em: http://www.el-observatorio.org/wp-content/uploads/2009/04/palaciosbariffi.pdf

PAUNER CHULVI, Cristina – *El Deber Constitucional de Contribuir al Sostenimiento de los Gastos Públicos.* Castelló de la Plana: Universitat Jaume I, 2000. Tese de Doutoramento. [Consulta 10 nov. 2010] Disponível em: http://www.tdr.cesca.es/TESIS_UJI/AVAILABLE/TDX-0730108-120005//pauner.pdf

PERELLÓ, Jorge e TORTOSA, Francisco – *Surdomudez.* Lisboa: Editorial Científico-Medica, 1968.

PÉREZ FERNÁNDEZ, José Manuel –

— *La tutela de las lenguas regionales o minoritarias estatutarias y su encaje en el modelo constitucional español: ¿un* tertium genus *en el reconocimiento de los derechos lingüísticos?*, Revista Española de Derecho Constitucional, n.º 89, 2010.

— *Principios del régimen juridicolingüísticos: en especial, el estatuto de oficialidad.* In PÉREZ FERNÁNDEZ, José Manuel (coord.) – *Estudios sobre el Estatuto Jurídico de las Lenguas en España.* 1.ª ed. Barcelona: Atelier Libros Jurídicos, 2006.

PERLIN, Gládis –

— *Identidades surdas.* In SKLIAR, Carlos (org.) – *A Surdez: Um Olhar sobre as Diferenças.* Porto Alegre: Editora Mediação, 1998.

— *O lugar da cultura surda.* In: THOMA, Adriana da Silva; LOPES, Maura Corcini (orgs.) *A Invenção da Surdez: Cultura, Alteridade, Identidades e Diferença no Campo da Educação.* Santa Cruz do Sul: EDUNISC, 2004.

PIZZORUSSO, Alessandro – *La libertad de lengua y derechos lingüísticos: un estudio comparado.* Revista Vasca de Administración Pública. N. º 16. 1986.

PONS PARERA, Eva – *Los derechos lingüísticos en el marco internacional y comunitario europeo.* In PÉREZ FERNÁNDEZ, José Manuel (coord.) – *Estudios sobre el Estatuto Jurídico de las Lenguas en España.* 1.ª ed. Barcelona: Atelier Libros Jurídicos, 2006.

PRIETO DE PEDRO, Jesús – *Libertades lingüísticas, doble oficialidad e igualdad en la jurisprudencia.* Revista de Llengua i Dret, n.º 14, 1990.

PUIG SALELLAS, Josep M. – *La doble oficialitat lingüística del Tribunal Constitucional.* Revista de Llengua i Dret, n.º 8, 1986.

QUINN, Gerard [*et al.*] – *La autoridad moral para el cambio: los valores de derechos humanos y el proceso mundial de reforma en materia de discapacidad.* In QUINN, Gerard [*et al.*] – *Uso Actual y Posibilidades Futuras de los Instrumentos de Derechos Humanos de las Naciones Unidas en el Contexto de la Discapacidad.* Nova Iorque: Nações Unidas, 2002. [Consult. 21 nov. 2010] Disponível em: http://www2.ohchr.org/spanish/about/publications/papers.htm

RAMOS, Marcelene Carvalho da Silva – *Estrutura e Aplicabilidade das Normas Constitucionais de Direitos Sociais.* Lisboa: Faculdade de Direito da Universidade de Lisboa, 2008. (Relatório com requisito de doutor). [Consult. 10 out. 2010] Disponível em: http://www.icjp.pt/artigos-e-trabalhos/2

RÉE, Jonathan – *Os deficientes auditivos são uma nação à parte?* Inglaterra, 2005. [Consult. 10 nov. 2010] Disponível em: http://www.sentidos.com.br/canais/materia.asp?codpag=7809&codtipo=1&subcat=31&canal=visao

REVENGA SÁNCHEZ, Miguel – *Notas sobre oficialidad lingüística y cultura constitucional.* Revista de Llengua i Dret, n. ° 43, 2005.

ROJAS DE ROJAS, Morelba – *Identidad y cultura,* 2004. [Consult. 12 fev. 2011] Disponível em: http://redalyc.uaemex.mx/pdf/356/35602707.pdf

ROSALES, Pablo Oscar – *La nueva Convención Internacional sobre los Derechos de las Personas con Discapacidad.* [Consult. em 21 nov. 2010] Disponível em: http://www.pablorosales.com.ar/

SACKS, Oliver – *Vendo Vozes: Uma Jornada pelo Mundo dos Surdos.* Rio de Janeiro: Imago Editora, 1990.

SANCHES, Carlos M. – *La Increíble y Triste Historia de la Sordera.* Venezuela, 1990.

SANJOSÉ GIL, Amparo – *El primer tratado de derechos humanos del siglo XXI: la Convención sobre los Derechos de la Personas con Discapacidad,* Revista Electrónica de Estudios Internacionales, (13). 2007. [Consult. 21 nov. 2010] Disponível em: http://www.reei.org/reei%2013/SanjoseGil(reei13).pdf

SHAHEED, Farida – *Derechos Culturales,* Doc. n.º A/HRC/14/36. (Informe ao Conselho dos Direitos Humanos), 2010 [Consult. 12 out. 2010] Disponível em: http://www2.ohchr.org/english/bodies/hrcouncil/docs/14session/A.HRC.14.36_sp.pdf

SILVA, Vasco Pereira da – *A Cultura a Que Tenho Direito. Direitos Fundamentais e Cultura.* Coimbra: Almedina, 2007.

SKLIAR, Carlos [*et al.*] – *Os estudos surdos em educação: problematizando a normalidade.* In SKLIAR, Carlos (org.) *A Surdez: um olhar sobre as diferenças.* Porto Alegre: Editora Mediação, 1998.

SKUTNABB-KANGAS, Tove; PHILLIPSON, Robert – *Linguistic Human Rights: Overcoming Linguistic Discrimination.* Nova Iorque: Mouton de Gruyter, 1995.

SKUTNABB-KANGAS, Tove – *Why should linguistic diversity be maintained and supported in Europe? Some arguments.* Strasbourg: Council of Europe, 2002. (Reference Study) [Consult. 15 out. 2010] Disponível em: http://www.coe.int/t/dg4/linguistic/Source/Skutnabb-KangasEN.pdf

SILVEIRA, Carolina Hessel – *O Currículo de Língua de Sinais na Educação de Surdos* Florianópolis: Universidade Federal de Santa Catarina, 2006. Tese de Mestrado [Consult. 15 out. 2010] Disponível em: http://www.cultura-sorda.eu/resources/Tesis_Hessel_2006.pdf

SOARES, Inês Virgínia Prado – *Cidadania cultural e direito à diversidade linguística: a conceção constitucional das línguas e falares do Brasil como bem cultural.* Revista Internacional de Direito e Cidadania. [s. l.] n.º 1 (2008). [Consult. 10 out. 2010] Disponível em: http://www.iedc.org.br/REID/arquivos/00000039-REID001_InesSoares.pdf

SOLOZÁBAL ECHEVARRÍA, Juan José – *El régimen constitucional del bilingüismo. La cooficialidad lingüística como garantía institucional* In MARÍA SAUCA, José – *Lenguas, Políticas, Derechos.* Madrid: Universidad Carlos III de Madrid y Boletín Oficial del Estado, 2000.

SORIANO, Ramón – *Los derechos de las minorías.* Sevilha: Editorial MAD, 1999.

STEVENS, Helga – *Equal rights for deaf people: From being a stranger in one's own country to full citizenship through sign languages.* Paper presented at ICED 2005, Maastricht, 17-20 July 2005.

STORCH DE GRACIA Y ASENSIO, J. G. – *Estatuto Jurídico de las Lenguas de Señas en el Derecho Español (Aproximaciones).* Madrid: Editorial Universitaria. Ramón Areces, 2005.

STROBEL, Karin Lilian – *Surdos: vestígios culturais não registados na história.* Florianópolis: Universidade Federal de Santa Catarina, 2008. Tese de doutoramento [Consult. 10 out. 2010] Disponível em: http://www.ronice.cce.prof.ufsc.br/index_arquivos/Documentos/karinstrobel.pdf

SYMONIDES, Janusz – *Derechos culturales: una categoría descuidada de derechos humanos.* (UNESCO) International Social Science Journal. 2010 [Consult. 15 out. 2010] Disponível em: http://www.redinterlocal.org/IMG/pdf_Derechos_culturales.pdf

TIMMERMANS, Nine – *The Status of Sign Languages in Europe.* 1.ª ed. Estrasburgo: Council of Europe Publishing, 2005.

URRUTIA LIBARONA, Iñigo – *Lengua y derecho a la educación en la Comunidad Autónoma del País Vasco: Reflexiones jurídicas sobre el tránsito hacia un nuevo Modelo.* Revista de Llengua i Dret, n. º 46, 2006.

VALE, André Rufino do – *A Estrutura das Normas de Direitos Fundamentais. Repensando a distinção entre regras, princípios e valores.* Brasília: Universidade de Brasília, 2006. Tese de Mestrado [Consult. 15 dez. 2010] Disponível em: http://

repositorio.bce.unb.br/bitstream/10482/3616/1/2006_Andr%C3%A9%20 Rufino%20do%20Vale.pdf

VALENTE, Ana [*et al.*] – *Surdez: duas realidades interpretativas.* In COELHO, Orquídea (coord.) – *Perscrutar e Escutar a Surdez.* Santa Maria da Feira: Edições Afrontamento, novembro 2005.

VARELA DÍAZ, Santiago – *La idea de deber constitucional.* Revista Española de Derecho Constitucional, n. 4, 1982.

VAZ, Lívia Maria Santana e Sant'Anna – *Notas sobre a aplicabilidade e a eficácia das normas constitucionais de direitos sociais,* 2008. (Relatório com requisito de doutor) [Consult. 1 dez. 2010] Disponível em: http://www.icjp.pt/artigos-e-trabalhos/2

VERNET I LIOBET, Jaume [*et al.*] – *Derechos y deberes lingüísticos en las Comunidades Autónomas con lengua propia.* In PÉREZ FERNÁNDEZ, José Manuel (coord.) – *Estudios sobre el Estatuto Jurídico de las Lenguas en España.* 1.ª ed. Barcelona: Atelier Libros Jurídicos, 2006.

WEINREICH, V – *Languages in Contact.* The Hague Mouton, 1970.

WHEATLEY, Mark [*et al.*] – *Sign Language Legislation in the European Union.* Brussels: European Union of the Deaf. 2010.

WIDELL, Joanna – *As Fases Históricas da Cultura Surda.* Rio de Janeiro: Editora Babel, 1992.

YATACO, Miryam – *Derechos lingüísticos, política idiomática y planificación lingüístico-educativa en Perú.* [Consult. 10 nov. 2010] Disponível em: http://www.aulaintercultural.org/IMG/pdf/Yataco.pdf

ZOLLINGER, Marcia Brandão – *Proteção Processual aos Direitos Fundamentais.* Curitiba: Universidade Federal do Paraná, 2005. Tese de Mestrado. [Consult. 15 dez. 2010] Disponível em: http://dspace.c3sl.ufpr.br/dspace/bitstream/1884/2021/1/DISSERTA%C3%87%C3%83O%20MARCIA%20 ZOLLINGER.pdf

ANEXO

Convenção sobre os Direitos das Pessoas com Deficiência

Resolução da Assembleia da República n.º 56/2009, de 30 de julho

PREÂMBULO

Os Estados Partes na presente Convenção:

a) Relembrando os princípios proclamados na Carta das Nações Unidas, que reconhecem a dignidade e o valor inerente a todos os membros da família humana e os seus direitos iguais e inalienáveis como base para a fundação da liberdade, justiça e paz no mundo;

b) Reconhecendo que as Nações Unidas, na Declaração Universal dos Direitos do Homem e nos Tratados Internacionais sobre Direitos Humanos, proclamaram e acordaram que toda a pessoa tem direito a todos os direitos e liberdades neles consignados, sem distinção de qualquer natureza;

c) Reafirmando a universalidade, indivisibilidade, interdependência e correlação de todos os direitos humanos e liberdades fundamentais e a necessidade de garantir às pessoas com deficiências o seu pleno gozo sem serem alvo de discriminação;

d) Relembrando o Pacto Internacional sobre os Direitos Económicos, Sociais e Culturais, o Pacto Internacional sobre Direitos Civis e Políticos, a Convenção Internacional sobre a Eliminação de Todas as Formas de Discriminação Racial, a Convenção sobre a Eliminação de Todas as Formas de Discriminação contra Mulheres, a Convenção contra a Tortura e outras penas ou tratamentos cruéis, desumanos ou degradantes, a Convenção sobre os Direitos da Criança e a Convenção Internacional sobre a Proteção dos Direitos de Todos os Trabalhadores Migrantes e dos Membros das suas Famílias;

e) Reconhecendo que a deficiência é um conceito em evolução e que a deficiência resulta da interação entre pessoas com incapacidades e barreiras comportamentais e ambientais que impedem a sua participação plena e efetiva na sociedade em condições de igualdade com as outras pessoas;

f) Reconhecendo a importância dos princípios e das orientações políticas constantes do Programa Mundial de Ação relativo às Pessoas com Deficiência e das Normas sobre a Igualdade de Oportunidades para Pessoas com Deficiência na influência da promoção, formulação e avaliação das políticas, planos, programas e ações a nível nacional, regional e internacional para continuar a criar igualdade de oportunidades para as pessoas com deficiências;

g) Acentuando a importância da integração das questões de deficiência como parte integrante das estratégias relevantes do desenvolvimento sustentável;

h) Reconhecendo também que a discriminação contra qualquer pessoa com base na deficiência é uma violação da dignidade e valor inerente à pessoa humana;

i) Reconhecendo ainda a diversidade de pessoas com deficiência;

j) Reconhecendo a necessidade de promover e proteger os direitos humanos de todas as pessoas com deficiência, incluindo aquelas que desejam um apoio mais intenso;

k) Preocupados que, apesar destes vários instrumentos e esforços, as pessoas com deficiência continuam a deparar-se com barreiras na sua participação enquanto membros iguais da sociedade e violações dos seus direitos humanos em todas as partes do mundo;

l) Reconhecendo a importância da cooperação internacional para melhorar as condições de vida das pessoas com deficiência em cada país, em particular nos países em desenvolvimento;

m) Reconhecendo as valiosas contribuições existentes e potenciais feitas pelas pessoas com deficiência para o bem-estar geral e diversidade das suas comunidades e que a promoção do pleno gozo pelas pessoas com deficiência dos seus direitos humanos e liberdades fundamentais e a plena participação por parte das pessoas com deficiência irão resultar num sentido de pertença reforçado e em vantagens significativas no desenvolvimento humano, social e económico da sociedade e na erradicação da pobreza;

n) Reconhecendo a importância para as pessoas com deficiência da sua autonomia e independência individual, incluindo a liberdade de fazerem as suas próprias escolhas;

o) Considerando que as pessoas com deficiência devem ter a oportunidade de estar ativamente envolvidas nos processos de tomada de decisão sobre políticas e programas, incluindo aqueles que diretamente lhes digam respeito;

p) Preocupados com as difíceis condições que as pessoas com deficiência se deparam, as quais estão sujeitas a múltiplas ou agravadas formas de discriminação com base na raça, cor, sexo, língua, religião, convicções políticas ou de outra natureza, origem nacional, étnica, indígena ou social, património, nascimento, idade ou outro estatuto;

q) Reconhecendo que as mulheres e raparigas com deficiência estão muitas vezes sujeitas a maior risco de violência, lesões ou abuso, negligência ou tratamento negligente, maus-tratos ou exploração, tanto dentro como fora do lar;

r) Reconhecendo que as crianças com deficiência devem ter pleno gozo de todos os direitos humanos e liberdades fundamentais, em condições de igualdade com as outras crianças e relembrando as obrigações para esse fim assumidas pelos Estados Partes na Convenção sobre os Direitos da Criança;

s) Salientando a necessidade de incorporar uma perspetiva de género em todos os esforços para promover o pleno gozo dos direitos humanos e liberdades fundamentais pelas pessoas com deficiência;

t) Realçando o facto de que a maioria das pessoas com deficiência vive em condições de pobreza e, a este respeito, reconhecendo a necessidade crítica de abordar o impacto negativo da pobreza nas pessoas com deficiência;

u) Tendo em mente que as condições de paz e segurança baseadas no pleno respeito pelos objetivos e princípios constantes na Carta das Nações Unidas e a observância dos instrumentos de direitos humanos aplicáveis são indispensáveis para a total proteção das pessoas com deficiência, em particular durante conflitos armados e ocupação estrangeira;

v) Reconhecendo a importância da acessibilidade ao ambiente físico, social, económico e cultural, à saúde e educação e à informação e comunicação, ao permitir às pessoas com deficiência o pleno gozo de todos os direitos humanos e liberdades fundamentais;

w) Compreendendo que o indivíduo, tendo deveres para com os outros indivíduos e para com a comunidade à qual ele ou ela pertence, tem a responsabilidade de se esforçar por promover e observar os direitos consignados na Carta Internacional dos Direitos Humanos;

x) Convictos de que a família é a unidade de grupo natural e fundamental da sociedade e que tem direito à proteção pela sociedade e pelo Estado e que as pessoas com deficiência e os membros da sua família devem receber a proteção e assistência necessárias para permitir às famílias contribuírem para o pleno e igual gozo dos direitos das pessoas com deficiência;

y) Convictos de que uma convenção internacional abrangente e integral para promover e proteger os direitos e dignidade das pessoas com deficiência irá dar um significativo contributo para voltar a abordar a profunda desvantagem social das pessoas com deficiências e promover a sua participação nas esferas civil, política, económica, social e cultural com oportunidades iguais, tanto nos países em desenvolvimento como nos desenvolvidos;

acordaram o seguinte:

ARTIGO 1.º
Objeto

O objeto da presente Convenção é promover, proteger e garantir o pleno e igual gozo de todos os direitos humanos e liberdades fundamentais por todas as pessoas com deficiência e promover o respeito pela sua dignidade inerente.

As pessoas com deficiência incluem aqueles que têm incapacidades duradouras físicas, mentais, intelectuais ou sensoriais, que em interação com várias barreiras podem impedir a sua plena e efetiva participação na sociedade em condições de igualdade com os outros.

ARTIGO 2.º
Definições

Para os fins da presente Convenção:

«Comunicação» inclui linguagem, exibição de texto, braille, comunicação táctil, carateres grandes, meios multimédia acessíveis, assim como modos escrito, áudio, linguagem plena, leitor humano e modos aumentativo e alternativo, meios e formatos de comunicação, incluindo tecnologia de informação e comunicação acessível;

«Linguagem» inclui a linguagem falada e língua gestual e outras formas de comunicação não faladas;

«Discriminação com base na deficiência» designa qualquer distinção, exclusão ou restrição com base na deficiência que tenha como objetivo ou efeito impedir ou anular o reconhecimento, gozo ou exercício, em condições de igualdade com os outros, de todos os direitos humanos e liberdades fundamentais no campo político, económico, social, cultural, civil ou de qualquer outra natureza. Inclui todas as formas de discriminação, incluindo a negação de adaptações razoáveis;

«Adaptação razoável» designa a modificação e ajustes necessários e apropriados que não imponham uma carga desproporcionada ou indevida, sempre que necessário num determinado caso, para garantir que as pessoas com incapacidades gozam ou exercem, em condições de igualdade com as demais, de todos os direitos humanos e liberdades fundamentais;

«Desenho universal» designa o desenho dos produtos, ambientes, programas e serviços a serem utilizados por todas as pessoas, na sua máxima extensão, sem a necessidade de adaptação ou desenho especializado. «Desenho universal» não deverá excluir os dispositivos de assistência a grupos particulares de pessoas com deficiência sempre que seja necessário.

ARTIGO 3.º
Princípios gerais

Os princípios da presente Convenção são:

a) O respeito pela dignidade inerente, autonomia individual, incluindo a liberdade de fazerem as suas próprias escolhas, e independência das pessoas;

b) Não discriminação;

c) Participação e inclusão plena e efetiva na sociedade;

d) O respeito pela diferença e aceitação das pessoas com deficiência como parte da diversidade humana e humanidade;

e) Igualdade de oportunidade;

f) Acessibilidade;

g) Igualdade entre homens e mulheres;

h) Respeito pelas capacidades de desenvolvimento das crianças com deficiência e respeito pelo direito das crianças com deficiência a preservarem as suas identidades.

ARTIGO 4.º
Obrigações gerais

1. Os Estados Partes comprometem-se a assegurar e promover o pleno exercício de todos os direitos humanos e liberdades fundamentais para todas as pessoas com deficiência sem qualquer discriminação com base na deficiência. Para este fim, os Estados Partes comprometem-se a:

a) Adotar todas as medidas legislativas, administrativas e de outra natureza apropriadas com vista à implementação dos direitos reconhecidos na presente Convenção;

b) Tomar todas as medidas apropriadas, incluindo legislação, para modificar ou revogar as leis, normas, costumes e práticas existentes que constituam discriminação contra pessoas com deficiência;

c) Ter em consideração a proteção e a promoção dos direitos humanos das pessoas com deficiência em todas as políticas e programas;

d) Abster-se de qualquer ato ou prática que seja incompatível com a presente Convenção e garantir que as autoridades e instituições públicas agem em conformidade com a presente Convenção;

e) Tomar todas as medidas apropriadas para eliminar a discriminação com base na deficiência por qualquer pessoa, organização ou empresa privada;

f) Realizar ou promover a investigação e o desenvolvimento dos bens, serviços, equipamento e instalações desenhadas universalmente, conforme definido no artigo 2.º da presente Convenção, o que deverá exigir a adaptação mínima possível e o menor custo para satisfazer as necessidades específicas de uma pessoa com deficiência, para promover a sua disponibilidade e uso e promover o desenho universal no desenvolvimento de normas e diretrizes;

g) Realizar ou promover a investigação e o desenvolvimento e promover a disponibilização e uso das novas tecnologias, incluindo as tecnologias de informação e comunicação, meios auxiliares de mobilidade, dispositivos e tecnologias de apoio, adequados para pessoas com deficiência, dando prioridade às tecnologias de preço acessível;

h) Disponibilizar informação acessível às pessoas com deficiência sobre os meios auxiliares de mobilidade, dispositivos e tecnologias de apoio, incluindo as novas tecnologias assim como outras formas de assistência, serviços e instalações de apoio;

i) Promover a formação de profissionais e técnicos que trabalham com pessoas com deficiências nos direitos reconhecidos na presente Convenção para melhor prestar a assistência e serviços consagrados por esses direitos.

2. No que respeita aos direitos económicos, sociais e culturais, cada Estado Parte compromete-se em tomar medidas para maximizar os seus recursos disponíveis e sempre que necessário, dentro do quadro da cooperação internacional, com vista a alcançar progressivamente o pleno exercício desses direitos, sem prejuízo das obrigações previstas na presente Convenção que são imediatamente aplicáveis de acordo com o direito internacional.

3. No desenvolvimento e implementação da legislação e políticas para aplicar a presente Convenção e em outros processos de tomada de decisão no que respeita a questões relacionadas com pessoas com deficiência, os Estados Parte devem consultar-se estreitamente e envolver ativamente as pessoas com deficiências, incluindo as crianças com deficiência, através das suas organizações representativas.

4. Nenhuma disposição da presente Convenção afeta quaisquer disposições que sejam mais favoráveis à realização dos direitos das pessoas com deficiência e que possam figurar na legislação de um Estado Parte ou direito internacional em vigor para esse Estado. Não existirá qualquer restrição ou derrogação de qualquer um dos direitos humanos e liberdades fundamentais reconhecidos ou em vigor em qualquer Estado Parte na presente Convenção de acordo com a lei, convenções, regulamentos ou costumes com o pretexto de que a presente Convenção não reconhece tais direitos ou liberdades ou que os reconhece em menor grau.

5. As disposições da presente Convenção aplicam-se a todas as partes dos Estados Federais sem quaisquer limitações ou exceções.

ARTIGO 5.º
Igualdade e não discriminação

1. Os Estados Partes reconhecem que todas as pessoas são iguais perante e nos termos da lei e que têm direito, sem qualquer discriminação, a igual proteção e benefício da lei.

2. Os Estados Partes proíbem toda a discriminação com base na deficiência e garantem às pessoas com deficiência proteção jurídica igual e efetiva contra a discriminação de qualquer natureza.

3. De modo a promover a igualdade e eliminar a discriminação, os Estados Partes tomam todas as medidas apropriadas para garantir a disponibilização de adaptações razoáveis.

4. As medidas específicas que são necessárias para acelerar ou alcançar a igualdade de facto das pessoas com deficiência não serão consideradas discriminação nos termos da presente Convenção.

ARTIGO 6.º
Mulheres com deficiência

1. Os Estados Partes reconhecem que as mulheres e raparigas com deficiência estão sujeitas a discriminações múltiplas e, a este respeito, devem tomar medidas para lhes assegurar o pleno e igual gozo de todos os direitos humanos e liberdades fundamentais.

2. Os Estados Partes tomam todas as medidas apropriadas para assegurar o pleno desenvolvimento, promoção e emancipação das mulheres com o objetivo de lhes garantir o exercício e gozo dos direitos humanos e liberdades fundamentais consagrados na presente Convenção.

ARTIGO 7.º
Crianças com deficiência

1. Os Estados Partes tomam todas as medidas necessárias para garantir às crianças com deficiências o pleno gozo de todos os direitos humanos e liberdades fundamentais em condições de igualdade com as outras crianças.

2. Em todas as ações relativas a crianças com deficiência, os superiores interesses da criança têm primazia.

3. Os Estados Partes asseguram às crianças com deficiência o direito de exprimirem os seus pontos de vista livremente sobre todas as questões que as afetem, sendo as suas opiniões devidamente consideradas de acordo com a sua idade e maturidade, em condições de igualdade com as outras crianças, e a receberem assistência apropriada à deficiência e à idade para o exercício deste direito.

ARTIGO 8.º
Sensibilização

1. Os Estados Partes comprometem-se a adotar medidas imediatas, efetivas e apropriadas para:

a) Sensibilizar a sociedade, incluindo a nível familiar, relativamente às pessoas com deficiência e a fomentar o respeito pelos seus direitos e dignidade;

b) Combater estereótipos, preconceitos e práticas prejudiciais em relação às pessoas com deficiência, incluindo as que se baseiam no sexo e na idade, em todas as áreas da vida;

c) Promover a sensibilização para com as capacidades e contribuições das pessoas com deficiência.

2. As medidas para este fim incluem:

a) O início e a prossecução efetiva de campanhas de sensibilização pública eficazes concebidas para:

i) Estimular a recetividade em relação aos direitos das pessoas com deficiência;

ii) Promover perceções positivas e maior consciencialização social para com as pessoas com deficiência;

iii) Promover o reconhecimento das aptidões, méritos e competências das pessoas com deficiência e dos seus contributos para o local e mercado de trabalho;

b) Promover, a todos os níveis do sistema educativo, incluindo em todas as crianças desde tenra idade, uma atitude de respeito pelos direitos das pessoas com deficiência;

c) Encorajar todos os órgãos de comunicação social a descreverem as pessoas com deficiência de forma consistente com o objetivo da presente Convenção;

d) Promover programas de formação em matéria de sensibilização relativamente às pessoas com deficiência e os seus direitos.

ARTIGO 9.º
Acessibilidade

1. Para permitir às pessoas com deficiência viverem de modo independente e participarem plenamente em todos os aspetos da vida, os Estados Partes tomam as medidas apropriadas para assegurar às pessoas com deficiência o acesso, em condições de igualdade com os demais, ao ambiente físico, ao transporte, à informação e comunicações, incluindo as tecnologias e sistemas de informação e comunicação e a outras instalações e serviços abertos ou prestados ao público, tanto nas áreas urbanas como rurais. Estas medidas, que incluem a identificação e eliminação de obstáculos e barreiras à acessibilidade, aplicam-se, *inter alia*, a:

a) Edifícios, estradas, transportes e outras instalações interiores e exteriores, incluindo escolas, habitações, instalações médicas e locais de trabalho;

b) Informação, comunicações e outros serviços, incluindo serviços eletrónicos e serviços de emergência.

2. Os Estados Partes tomam, igualmente, as medidas apropriadas para:

a) Desenvolver, promulgar e fiscalizar a implementação das normas e diretrizes mínimas para a acessibilidade das instalações e serviços abertos ou prestados ao público;

b) Assegurar que as entidades privadas que oferecem instalações e serviços que estão abertos ou que são prestados ao público têm em conta todos os aspetos de acessibilidade para pessoas com deficiência;

c) Providenciar formação aos intervenientes nas questões de acessibilidade com que as pessoas com deficiência se deparam;

d) Providenciar, em edifícios e outras instalações abertas ao público, sinalética em braille e em formatos de fácil leitura e compreensão;

e) Providenciar formas de assistência humana e ou animal à vida e intermediários, incluindo guias, leitores ou intérpretes profissionais de língua gestual, para facilitar a acessibilidade aos edifícios e outras instalações abertas ao público;

f) Promover outras formas apropriadas de assistência e apoio a pessoas com deficiências para garantir o seu acesso à informação;

g) Promover o acesso às pessoas com deficiência a novas tecnologias e sistemas de informação e comunicação, incluindo a Internet;

h) Promover o desenho, desenvolvimento, produção e distribuição de tecnologias e sistemas de informação e comunicação acessíveis numa fase inicial, para que estas tecnologias e sistemas se tornem acessíveis a um custo mínimo.

ARTIGO 10.º
Direito à vida

Os Estados Partes reafirmam que todo o ser humano tem o direito inerente à vida e tomam todas as medidas necessárias para assegurar o seu gozo efetivo pelas pessoas com deficiência, em condições de igualdade com as demais.

ARTIGO 11.º
Situações de risco e emergências humanitárias

Os Estados Partes tomam, em conformidade com as suas obrigações nos termos do direito internacional, incluindo o direito internacional humanitário e o direito internacional dos direitos humanos, todas as medidas necessárias para assegurar a proteção e segurança das pessoas com deficiências em situações de risco, incluindo as de conflito armado, emergências humanitárias e a ocorrência de desastres naturais.

ARTIGO 12.º
Reconhecimento igual perante a lei

1. Os Estados Partes reafirmam que as pessoas com deficiência têm o direito ao reconhecimento perante a lei da sua personalidade jurídica em qualquer lugar.

2. Os Estados Partes reconhecem que as pessoas com deficiências têm capacidade jurídica, em condições de igualdade com as outras, em todos os aspetos da vida.

3. Os Estados Partes tomam medidas apropriadas para providenciar acesso às pessoas com deficiência ao apoio que possam necessitar no exercício da sua capacidade jurídica.

4. Os Estados Partes asseguram que todas as medidas que se relacionem com o exercício da capacidade jurídica fornecem as garantias apropriadas e efetivas para prevenir o abuso de acordo com o direito internacional dos direitos humanos. Tais garantias asseguram que as medidas relacionadas com o exercício da capacidade jurídica em relação aos direitos, vontade e preferências da pessoa estão isentas de conflitos de interesse e influências indevidas, são proporcionais e adaptadas às circunstâncias da pessoa, aplicam-se no período de tempo mais curto possível e estão sujeitas a um controlo periódico por uma autoridade ou órgão judicial competente, independente e imparcial. As garantias são proporcionais ao grau em que tais medidas afetam os direitos e interesses da pessoa.

5. Sem prejuízo das disposições do presente artigo, os Estados Partes tomam todas as medidas apropriadas e efetivas para assegurar a igualdade de direitos das pessoas com deficiência em serem proprietárias e herdarem património, a controlarem os seus próprios assuntos financeiros e a terem igual acesso a empréstimos bancários, hipotecas e outras formas de crédito financeiro, e asseguram que as pessoas com deficiência não são, arbitrariamente, privadas do seu património.

ARTIGO 13.º
Acesso à justiça

1. Os Estados Partes asseguram o acesso efetivo à justiça para pessoas com deficiência, em condições de igualdade com as demais, incluindo através do fornecimento de adaptações processuais e adequadas à idade, de modo a facilitar o seu papel efetivo enquanto participantes diretos e indiretos, incluindo na qualidade de testemunhas, em todos os processos judiciais, incluindo as fases de investigação e outras fases preliminares.

2. De modo a ajudar a garantir o acesso efetivo à justiça para as pessoas com deficiência, os Estados Partes promovem a formação apropriada para aqueles que trabalhem no campo da administração da justiça, incluindo a polícia e o pessoal dos estabelecimentos prisionais.

ARTIGO 14.º
Liberdade e segurança da pessoa

1. Os Estados Partes asseguram que as pessoas com deficiência, em condições de igualdade com as demais:

a) Gozam do direito à liberdade e segurança individual;

b) Não são privadas da sua liberdade de forma ilegal ou arbitrária e que qualquer privação da liberdade é em conformidade com a lei e que a existência de uma deficiência não deverá, em caso algum, justificar a privação da liberdade.

2. Os Estados Partes asseguram que, se as pessoas com deficiência são privadas da sua liberdade através de qualquer processo, elas têm, em condições de igualdade com as demais, direito às garantias de acordo com o direito internacional de direitos humanos e são tratadas em conformidade com os objetivos e princípios da presente Convenção, incluindo o fornecimento de adaptações razoáveis.

ARTIGO 15.º

Liberdade contra a tortura, tratamento ou penas cruéis, desumanas ou degradantes

1. Ninguém será submetido a tortura ou tratamento ou pena cruel, desumana ou degradante. Em particular, ninguém será sujeito, sem o seu livre consentimento, a experiências médicas ou científicas.

2. Os Estados Partes tomam todas as medidas legislativas, administrativas, judiciais ou outras medidas efetivas para prevenir que as pessoas com deficiência, em condições de igualdade com as demais, sejam submetidas a tortura, tratamento ou penas cruéis, desumanas ou degradantes.

ARTIGO 16.º

Proteção contra a exploração, violência e abuso

1. Os Estados Partes tomam todas as medidas legislativas, administrativas, sociais, educativas e outras medidas apropriadas para proteger as pessoas com deficiência, tanto dentro como fora do lar, contra todas as formas de exploração, violência e abuso, incluindo os aspetos baseados no género.

2. Os Estados Partes tomam também todas as medidas apropriadas para prevenir todas as formas de exploração, violência e abuso, assegurando, *inter alia*, as formas apropriadas de assistência sensível ao género e à idade e o apoio às pessoas com deficiência e suas famílias e prestadores de cuidados, incluindo através da disponibilização de informação e educação sobre como evitar, reconhecer e comunicar situações de exploração, violência e abuso. Os Estados Partes asseguram que os serviços de proteção têm em conta a idade, género e deficiência.

3. De modo a prevenir a ocorrência de todas as formas de exploração, violência e abuso, os Estados Partes asseguram que todas as instalações e programas concebidos para servir as pessoas com deficiências são efetivamente vigiados por autoridades independentes.

4. Os Estados Partes tomam todas as medidas apropriadas para promover a recuperação e reabilitação física, cognitiva e psicológica, assim como a reintegração social das pessoas com deficiência que se tornem vítimas de qualquer forma de exploração, violência ou abuso, incluindo a disponibilização de serviços de proteção. Tal recuperação e reintegração devem ter lugar num ambiente que favoreça a saúde, bem-estar, autoestima, dignidade e autonomia da pessoa e ter em conta as necessidades específicas inerentes ao género e idade.

5. Os Estados Partes adotam legislação e políticas efetivas, incluindo legislação e políticas centradas nas mulheres e crianças, para garantir que as situações de exploração, violência e abuso contra pessoas com deficiência são identificadas, investigadas e, sempre que apropriado, julgadas.

ARTIGO 17.º
Proteção da integridade da pessoa

Toda a pessoa com deficiência tem o direito ao respeito pela sua integridade física e mental em condições de igualdade com as demais.

ARTIGO 18.º
Liberdade de circulação e nacionalidade

1. Os Estados Partes reconhecem os direitos das pessoas com deficiência à liberdade de circulação, à liberdade de escolha da sua residência e à nacionalidade, em condições de igualdade com as demais, assegurando às pessoas com deficiência:

a) O direito a adquirir e mudar de nacionalidade e de não serem privadas da sua nacionalidade de forma arbitrária ou com base na sua deficiência;

b) Que não são privadas, com base na deficiência, da sua capacidade de obter, possuir e utilizar documentação da sua nacionalidade e outra documentação de identificação, ou de utilizar processos relevantes tais como procedimentos de emigração, que possam ser necessários para facilitar o exercício do direito à liberdade de circulação;

c) São livres de abandonar qualquer país, incluindo o seu;

d) Não são privadas, arbitrariamente ou com base na sua deficiência, do direito de entrar no seu próprio país.

2. As crianças com deficiência são registadas imediatamente após o nascimento e têm direito desde o nascimento a nome, a aquisição de nacionalidade e, tanto quanto possível, o direito de conhecer e serem tratadas pelos seus progenitores.

ARTIGO 19.º
Direito a viver de forma independente e a ser incluído na comunidade

Os Estados Partes na presente Convenção reconhecem o igual direito de todas as pessoas com deficiência a viverem na comunidade, com escolhas iguais às demais e tomam medidas eficazes e apropriadas para facilitar o pleno gozo, por parte das pessoas com deficiência, do seu direito e a sua total inclusão e participação na comunidade, assegurando nomeadamente que:

a) As pessoas com deficiência têm a oportunidade de escolher o seu local de residência e onde e com quem vivem em condições de igualdade com as demais e não são obrigadas a viver num determinado ambiente de vida;

b) As pessoas com deficiência têm acesso a uma variedade de serviços domiciliários, residenciais e outros serviços de apoio da comunidade, incluindo a assistência pessoal necessária para apoiar a vida e inclusão na comunidade a prevenir o isolamento ou segregação da comunidade;

c) Os serviços e instalações da comunidade para a população em geral são disponibilizados, em condições de igualdade, às pessoas com deficiência e que estejam adaptados às suas necessidades.

ARTIGO 20.º
Mobilidade pessoal

Os Estados Partes tomam medidas eficazes para garantir a mobilidade pessoal das pessoas com deficiência, com a maior independência possível:

a) Facilitando a mobilidade pessoal das pessoas com deficiência na forma e no momento por elas escolhido e a um preço acessível;

b) Facilitando o acesso das pessoas com deficiência a ajudas à mobilidade, dispositivos, tecnologias de apoio e formas de assistência humana e/ou animal à vida e intermediários de qualidade, incluindo a sua disponibilização a um preço acessível;

c) Providenciando às pessoas com deficiência e ao pessoal especializado formação em técnicas de mobilidade;

d) Encorajando as entidades que produzem ajudas à mobilidade, dispositivos e tecnologias de apoio a terem em conta todos os aspetos relativos à mobilidade das pessoas com deficiência.

ARTIGO 21.º
Liberdade de expressão e opinião e acesso à informação

Os Estados Partes tomam todas as medidas apropriadas para garantir que as pessoas com deficiências podem exercer o seu direito de liberdade de expressão e de opinião, incluindo a liberdade de procurar, receber e difundir informação e ideias em condições de igualdade com as demais e através de todas as formas de comunicação da sua escolha, conforme definido no artigo 2.º da presente Convenção, incluindo:

a) Fornecendo informação destinada ao público em geral, às pessoas com deficiência, em formatos e tecnologias acessíveis apropriados aos diferentes tipos de deficiência, de forma atempada e sem qualquer custo adicional;

b) Aceitando e facilitando o uso de língua gestual, braille, comunicação aumentativa e alternativa e todos os outros meios, modos e formatos de comunicação acessíveis e da escolha das pessoas com deficiência nas suas relações oficiais;

c) Instando as entidades privadas que prestam serviços ao público em geral, inclusivamente através da Internet, a prestarem informação e serviços em formatos acessíveis e utilizáveis pelas pessoas com deficiência;

d) Encorajando os meios de comunicação social, incluindo os fornecedores de informação através da Internet, a tornarem os seus serviços acessíveis às pessoas com deficiência;

e) Reconhecendo e promovendo o uso da língua gestual.

ARTIGO 22.º
Respeito pela privacidade

1. Nenhuma pessoa com deficiência, independentemente do local de residência ou modo de vida, estará sujeita à interferência arbitrária ou ilegal na sua privacidade, família, domicílio ou na sua correspondência ou outras formas de comunicação, ou a ataques ilícitos à sua honra e reputação.

As pessoas com deficiência têm direito à proteção da lei contra qualquer dessas interferências ou ataques.

2. Os Estados Partes protegem a confidencialidade da informação pessoal, de saúde e reabilitação das pessoas com deficiência, em condições de igualdade com as demais.

ARTIGO 23.º
Respeito pelo domicílio e pela família

1. Os Estados Partes tomam todas as medidas apropriadas e efetivas para eliminar a discriminação contra pessoas com deficiência em todas as questões relacionadas com o casamento, família, paternidade e relações pessoais, em condições de igualdade com as demais, de modo a assegurar:

a) O reconhecimento do direito de todas as pessoas com deficiência, que estão em idade núbil, em contraírem matrimónio e a constituírem família com base no livre e total consentimento dos futuros cônjuges;

b) O reconhecimento dos direitos das pessoas com deficiência a decidirem livre e responsavelmente sobre o número de filhos e o espaçamento dos seus nascimentos, bem como o acesso a informação apropriada à idade, educação em matéria de procriação e planeamento familiar e a disponibilização dos meios necessários para lhes permitirem exercer estes direitos;

c) As pessoas com deficiência, incluindo crianças, mantêm a sua fertilidade em condições de igualdade com os outros.

2. Os Estados Partes asseguram os direitos e responsabilidade das pessoas com deficiência, no que respeita à tutela, curatela, guarda, adoção de crianças ou institutos similares, sempre que estes conceitos estejam consignados no direito interno; em todos os casos, o superior interesse da criança será primordial. Os Estados Partes prestam a assistência apropriada às pessoas com deficiência no exercício das suas responsabilidades parentais.

3. Os Estados Partes asseguram que as crianças com deficiência têm direitos iguais no que respeita à vida familiar. Com vista ao exercício desses direitos e de modo a prevenir o isolamento, abandono, negligência e segregação das crianças com deficiência, os Estados Partes comprometem-se em fornecer às crianças com deficiência e às suas famílias um vasto leque de informação, serviços e apoios de forma atempada.

4. Os Estados Partes asseguram que a criança não é separada dos seus pais contra a vontade destes, exceto quando as autoridades competentes determinarem que tal separação é necessária para o superior interesse da criança, decisão esta sujeita a recurso contencioso, em conformidade com a lei e procedimentos aplicáveis. Em caso algum deve uma criança ser separada dos pais com base numa deficiência quer da criança quer de um ou de ambos os seus pais.

5. Os Estados Partes, sempre que a família direta seja incapaz de cuidar da criança com deficiência, envidam todos os esforços para prestar cuidados alternativos dentro da família mais alargada e, quando tal não for possível, num contexto familiar no seio da comunidade.

ARTIGO 24.º
Educação

1. Os Estados Partes reconhecem o direito das pessoas com deficiência à educação. Com vista ao exercício deste direito sem discriminação e com base na igualdade de oportunidades, os Estados Partes asseguram um sistema de educação inclusiva a todos os níveis e uma aprendizagem ao longo da vida, direcionados para:

a) O pleno desenvolvimento do potencial humano e sentido de dignidade e autoestima e ao fortalecimento do respeito pelos direitos humanos, liberdades fundamentais e diversidade humana;

b) O desenvolvimento pelas pessoas com deficiência da sua personalidade, talentos e criatividade, assim como das suas aptidões mentais e físicas, até ao seu potencial máximo;

c) Permitir às pessoas com deficiência participarem efetivamente numa sociedade livre.

2. Para efeitos do exercício deste direito, os Estados Partes asseguram que:

a) As pessoas com deficiência não são excluídas do sistema geral de ensino com base na deficiência e que as crianças com deficiência não são excluídas do ensino primário gratuito e obrigatório ou do ensino secundário, com base na deficiência;

b) As pessoas com deficiência podem aceder a um ensino primário e secundário inclusivo, de qualidade e gratuito, em igualdade com as demais pessoas nas comunidades em que vivem;

c) São providenciadas adaptações razoáveis em função das necessidades individuais;

d) As pessoas com deficiência recebem o apoio necessário, dentro do sistema geral de ensino, para facilitar a sua educação efetiva;

e) São fornecidas medidas de apoio individualizadas eficazes em ambientes que maximizam o desenvolvimento académico e social, consistentes com o objetivo de plena inclusão.

3. Os Estados Partes permitem às pessoas com deficiência a possibilidade de aprenderem competências de desenvolvimento prático e social de modo a facilitar a sua plena e igual participação na educação e enquanto membros da comunidade. Para este fim, os Estados Partes adotam as medidas apropriadas, incluindo:

a) A facilitação da aprendizagem de braille, escrita alternativa, modos aumentativos e alternativos, meios e formatos de comunicação e orientação e aptidões de mobilidade, assim como o apoio e orientação dos seus pares;

b) A facilitação da aprendizagem de língua gestual e a promoção da identidade linguística da comunidade surda;

c) A garantia de que a educação das pessoas, e em particular das crianças, que são cegas, surdas ou surdas-cegas, é ministrada nas línguas, modo e meios de comunicação mais apropriados para o indivíduo e em ambientes que favoreçam o desenvolvimento académico e social.

4. De modo a ajudar a garantir o exercício deste direito, os Estados Partes tomam todas as medidas apropriadas para empregar professores, incluindo professores com deficiência, com qualificações em língua gestual e/ou braille e a formar profissionais e pessoal técnico que trabalhem a todos os níveis de educação. Tal formação compreende a sensibilização para com a deficiência e a utilização de modos aumentativos e alternativos, meios e formatos de comunicação, técnicas educativas e materiais apropriados para apoiar as pessoas com deficiência.

5. Os Estados Partes asseguram que as pessoas com deficiência podem aceder ao ensino superior geral, à formação vocacional, à educação de adultos e à aprendizagem ao longo da vida sem discriminação e em condições de igualdade com as demais. Para este efeito, os Estados Partes asseguram as adaptações razoáveis para as pessoas com deficiência.

ARTIGO 25.º
Saúde

Os Estados Partes reconhecem que as pessoas com deficiência têm direito ao gozo do melhor estado de saúde possível sem discriminação com base na deficiência. Os Estados Partes tomam todas as medidas apropriadas para garantir o acesso às pessoas com deficiência aos serviços de saúde que tenham em conta as especificidades do género, incluindo a reabilitação relacionada com a saúde. Os Estados Partes devem, nomeadamente:

a) Providenciar às pessoas com deficiência a mesma gama, qualidade e padrão de serviços e programas de saúde gratuitos ou a preços acessíveis iguais aos prestados às demais, incluindo na área da saúde sexual e reprodutiva e programas de saúde pública dirigidos à população em geral;

b) Providenciar os serviços de saúde necessários às pessoas com deficiência, especialmente devido à sua deficiência, incluindo a deteção e intervenção atempada, sempre que apropriado, e os serviços destinados a minimizar e prevenir outras deficiências, incluindo entre crianças e idosos;

c) Providenciar os referidos cuidados de saúde tão próximo quanto possível das suas comunidades, incluindo nas áreas rurais;

d) Exigir aos profissionais de saúde a prestação de cuidados às pessoas com deficiência com a mesma qualidade dos dispensados às demais, com base no consentimento livre e informado, *inter alia*, da sensibilização para os direitos humanos, dignidade, autonomia e necessidades das pessoas com deficiência através da formação e promulgação de normas deontológicas para o setor público e privado da saúde;

e) Proibir a discriminação contra pessoas com deficiência na obtenção de seguros de saúde e seguros de vida, sempre que esses seguros sejam permitidos pelo Direito interno, os quais devem ser disponibilizados de forma justa e razoável;

f) Prevenir a recusa discriminatória de cuidados ou serviços de saúde ou alimentação e líquidos, com base na deficiência.

ARTIGO 26.º
Habilitação e reabilitação

1. Os Estados Partes tomam as medidas efetivas e apropriadas, incluindo através do apoio entre pares, para permitir às pessoas com deficiência atingirem e manterem um grau de independência máximo, plena aptidão física, mental, social e vocacional e plena inclusão e participação em todos os aspetos da vida. Para esse efeito, os Estados Partes organizam, reforçam e desenvolvem serviços e programas de habilitação e reabilitação diversificados, nomeadamente nas áreas da saúde, emprego, educação e serviços sociais, de forma que estes serviços e programas:

a) Tenham início o mais cedo possível e se baseiem numa avaliação multidisciplinar das necessidades e potencialidades de cada indivíduo;

b) Apoiem a participação e inclusão na comunidade e em todos os aspetos da sociedade, sejam voluntários e sejam disponibilizados às pessoas com deficiência tão próximo quanto possível das suas comunidades, incluindo em áreas rurais.

2. Os Estados Partes promovem o desenvolvimento da formação inicial e contínua para os profissionais e pessoal técnico a trabalhar nos serviços de habilitação e reabilitação.

3. Os Estados Partes promovem a disponibilidade, conhecimento e uso de dispositivos e tecnologias de apoio concebidas para pessoas com deficiência que estejam relacionados com a habilitação e reabilitação.

ARTIGO 27.º
Trabalho e emprego

1. Os Estados Partes reconhecem o direito das pessoas com deficiência a trabalhar, em condições de igualdade com as demais; isto inclui o direito à oportunidade de ganhar a vida através de um trabalho livremente escolhido ou aceite num mercado e ambiente de trabalho aberto, inclusivo e acessível a pessoas com deficiência. Os Estados Partes salvaguardam e promovem o exercício do direito ao trabalho, incluindo para aqueles que adquirem uma deficiência durante o curso do emprego, adotando medidas apropriadas, incluindo através da legislação, para, *inter alia*:

a) Proibir a discriminação com base na deficiência no que respeita a todas as matérias relativas a todas as formas de emprego, incluindo condições de recrutamento, contratação e emprego, continuidade do emprego, progressão na carreira e condições de segurança e saúde no trabalho;

b) Proteger os direitos das pessoas com deficiência, em condições de igualdade com as demais, a condições de trabalho justas e favoráveis, incluindo igualdade de oportunidades e igualdade de remuneração pelo trabalho de igual valor, condições de trabalho seguras e saudáveis, incluindo a proteção contra o assédio e a reparação de injustiças;

c) Assegurar que as pessoas com deficiência são capazes de exercer os seus direitos laborais e sindicais, em condições de igualdade com as demais;

d) Permitir o acesso efetivo das pessoas com deficiência aos programas gerais de orientação técnica e vocacional, serviços de colocação e formação contínua;

e) Promover as oportunidades de emprego e progressão na carreira para pessoas com deficiência no mercado de trabalho, assim como auxiliar na procura, obtenção, manutenção e regresso ao emprego;

f) Promover oportunidades de emprego por conta própria, empreendedorismo, o desenvolvimento de cooperativas e a criação de empresas próprias;

g) Empregar pessoas com deficiência no setor público;

h) Promover o emprego de pessoas com deficiência no setor privado através de políticas e medidas apropriadas, que poderão incluir programas de ação positiva, incentivos e outras medidas;

i) Assegurar que são realizadas as adaptações razoáveis para as pessoas com deficiência no local de trabalho;

j) Promover a aquisição por parte das pessoas com deficiência de experiência laboral no mercado de trabalho aberto;

k) Promover a reabilitação vocacional e profissional, manutenção do posto de trabalho e os programas de regresso ao trabalho das pessoas com deficiência.

2. Os Estados Partes assegurarão que as pessoas com deficiência não são mantidas em regime de escravatura ou servidão e que são protegidas, em condições de igualdade com as demais, do trabalho forçado ou obrigatório.

ARTIGO 28.º
Nível de vida e proteção social adequados

1. Os Estados Partes reconhecem o direito das pessoas com deficiência a um nível de vida adequado para si próprias e para as suas famílias, incluindo alimentação, vestuário e habitação adequados e a uma melhoria contínua das condições de vida e tomam as medidas apropriadas para salvaguardar e promover o exercício deste direito sem discriminação com base na deficiência.

2. Os Estados Partes reconhecem o direito das pessoas com deficiência à proteção social e ao gozo desse direito sem discriminação com base na deficiência e tomarão as medidas apropriadas para salvaguardar e promover o exercício deste direito, incluindo através de medidas destinadas a:

a) Assegurar às pessoas com deficiência o acesso, em condições de igualdade, aos serviços de água potável e a assegurar o acesso aos serviços, dispositivos e outra assistência adequados e a preços acessíveis para atender às necessidades relacionadas com a deficiência;

b) Assegurar às pessoas com deficiência, em particular às mulheres e raparigas com deficiência e pessoas idosas com deficiência, o acesso aos programas de proteção social e aos programas de redução da pobreza;

c) Assegurar às pessoas com deficiência e às suas famílias que vivam em condições de pobreza, o acesso ao apoio por parte do Estado para suportar as despesas relacionadas com a sua deficiência, incluindo a formação, aconselhamento, assistência financeira e cuidados adequados;

d) Assegurar o acesso das pessoas com deficiência aos programas públicos de habitação;

e) Assegurar o acesso igual das pessoas com deficiência a benefícios e programas de aposentação;

ARTIGO 29.º
Participação na vida política e pública

Os Estados partes garantem às pessoas com deficiência os direitos políticos e a oportunidade de os gozarem, em condições de igualdade com as demais pessoas, e comprometem-se a:

a) Assegurar que as pessoas com deficiências podem efetiva e plenamente participar na vida política e pública, em condições de igualdade com os demais, de forma direta ou através de representantes livremente escolhidos, incluindo o direito e oportunidade para as pessoas com deficiência votarem e serem eleitas, *inter alia*:

i) Garantindo que os procedimentos de eleição, instalações e materiais são apropriados, acessíveis e fáceis de compreender e utilizar;

ii) Protegendo o direito das pessoas com deficiências a votar, por voto secreto em eleições e referendos públicos sem intimidação e a concorrerem a eleições para exercerem efetivamente um mandato e desempenharem todas as funções públicas a todos os níveis do governo, facilitando o recurso a tecnologias de apoio e às novas tecnologias sempre que se justificar;

iii) Garantindo a livre expressão da vontade das pessoas com deficiência enquanto eleitores e para este fim, sempre que necessário, a seu pedido, permitir que uma pessoa da sua escolha lhes preste assistência para votar;

b) Promovendo ativamente um ambiente em que as pessoas com deficiência possam participar efetiva e plenamente na condução dos assuntos públicos, sem discriminação e em condições de igualdade com os demais e encorajar a sua participação nos assuntos públicos, incluindo:

i) A participação em organizações e associações não governamentais ligadas à vida pública e política do país e nas atividades e administração dos partidos políticos;

ii) A constituição e adesão a organizações de pessoas com deficiência para representarem as pessoas com deficiência a nível internacional, nacional, regional e local.

ARTIGO 30.º
Participação na vida cultural, recreação, lazer e desporto

1. Os Estados Partes reconhecem o direito de todas as pessoas com deficiência a participar, em condições de igualdade com as demais, na vida cultural e adotam todas as medidas apropriadas para garantir que as pessoas com deficiência:

a) Têm acesso a material cultural em formatos acessíveis;

b) Têm acesso a programas de televisão, filmes, teatro e outras atividades culturais, em formatos acessíveis;

c) Têm acesso a locais destinados a atividades ou serviços culturais, tais como teatros, museus, cinemas, bibliotecas e serviços de turismo e, tanto quanto possível, a monumentos e locais de importância cultural nacional.

2. Os Estados Partes adotam as medidas apropriadas para permitir às pessoas com deficiência terem a oportunidade de desenvolver e utilizar o seu potencial criativo, artístico e intelectual, não só para benefício próprio, como também para o enriquecimento da sociedade.

3. Os Estados Partes adotam todas as medidas apropriadas, em conformidade com o direito internacional, para garantir que as leis que protegem os direitos de propriedade intelectual não constituem uma barreira irracional ou discriminatória ao acesso por parte das pessoas com deficiência a materiais culturais.

4. As pessoas com deficiência têm direito, em condições de igualdade com os demais, ao reconhecimento e apoio da sua identidade cultural e linguística específica, incluindo a língua gestual e cultura dos surdos.

5. De modo a permitir às pessoas com deficiência participar, em condições de igualdade com as demais, em atividades recreativas, desportivas e de lazer, os Estados Partes adotam as medidas apropriadas para:

a) Incentivar e promover a participação, na máxima medida possível, das pessoas com deficiência nas atividades desportivas comuns a todos os níveis;

b) Assegurar que as pessoas com deficiência têm a oportunidade de organizar, desenvolver e participar em atividades desportivas e recreativas específicas para a deficiência e, para esse fim, incentivar a prestação, em condições de igualdade com as demais, de instrução, formação e recursos apropriados;

c) Assegurar o acesso das pessoas com deficiência aos recintos desportivos, recreativos e turísticos;

d) Assegurar que as crianças com deficiência têm [direito], em condições de igualdade com as outras crianças, a participar em atividades lúdicas, recreativas, desportivas e de lazer, incluindo as atividades inseridas no sistema escolar;

e) Assegurar o acesso das pessoas com deficiência aos serviços de pessoas envolvidas na organização de atividades recreativas, turísticas, desportivas e de lazer.

ARTIGO 31.º
Estatísticas e recolha de dados

1. Os Estados Partes comprometem-se a recolher informação apropriada, incluindo dados estatísticos e de investigação, que lhes permitam formular e implementar políticas que visem dar efeito à presente Convenção. O processo de recolha e manutenção desta informação deve:

a) Respeitar as garantias legalmente estabelecidas, incluindo a legislação sobre proteção de dados, para garantir a confidencialidade e respeito pela privacidade das pessoas com deficiência;

b) Respeitar as normas internacionalmente aceites para proteger os direitos humanos e liberdades fundamentais e princípios éticos na recolha e uso de estatísticas.

2. A informação recolhida em conformidade com o presente artigo deve ser desagregada, conforme apropriado, e usada para ajudar a avaliar a implementação das obrigações dos Estados Partes nos termos da presente Convenção e para identificar e abordar as barreiras encontradas pelas pessoas com deficiência no exercício dos seus direitos.

3. Os Estados Partes assumem a responsabilidade pela divulgação destas estatísticas e asseguram a sua acessibilidade às pessoas com deficiência e às demais.

ARTIGO 32.º
Cooperação internacional

1. Os Estados Partes reconhecem a importância da cooperação internacional e a sua promoção, em apoio dos esforços nacionais para a realização do objeto e fim da presente Convenção e adotam as medidas apropriadas e efetivas a este respeito entre os Estados e, conforme apropriado, em parceria com organizações internacionais e regionais relevantes e a sociedade civil, nomeadamente as organizações de pessoas com deficiência. Tais medidas podem incluir, *inter alia*:

a) A garantia de que a cooperação internacional, incluindo os programas de desenvolvimento internacional, é inclusiva e acessível às pessoas com deficiência;

b) Facilitar e apoiar a criação de competências, através da troca e partilha de informação, experiências, programas de formação e melhores práticas;

c) Facilitar a cooperação na investigação e acesso ao conhecimento científico e tecnológico;

d) Prestar, conforme apropriado, assistência técnica e económica, incluindo através da facilitação do acesso e partilha de tecnologias de acesso e de apoio e através da transferência de tecnologias.

2. As disposições do presente artigo não afetam as obrigações de cada Estado Parte no que respeita ao cumprimento das suas obrigações nos termos da presente Convenção.

ARTIGO 33.º
Aplicação e monitorização nacional

1. Os Estados Partes, em conformidade com o seu sistema de organização, nomeiam um ou mais pontos de contacto dentro do governo para questões relacionadas com a implementação da presente Convenção e terão em devida conta a criação ou nomeação de um mecanismo de coordenação a nível governamental que promova a ação relacionada em diferentes setores e a diferentes níveis.

2. Os Estados Partes devem, em conformidade com os seus sistemas jurídico e administrativo, manter, fortalecer, nomear ou estabelecer, a nível interno, uma estrutura que inclua um ou mais mecanismos independentes, conforme apropriado, com vista a promover, proteger e monitorizar a implementação da presente Convenção. Ao nomear ou criar tal mecanismo, os Estados Partes terão em conta os princípios relacionados com o estatuto e funcionamento das instituições nacionais para a proteção e promoção dos direitos humanos.

3. A sociedade civil, em particular as pessoas com deficiência e as suas organizações representativas, deve estar envolvida e participar ativamente no processo de monitorização.

ARTIGO 34.º
Comissão para os Direitos das Pessoas com Deficiência

1. Será criada uma Comissão para os Direitos das Pessoas com Deficiência (doravante referida como «Comissão»), que exercerá as funções em seguida definidas.

2. A Comissão será composta, no momento de entrada em vigor da presente Convenção, por 12 peritos. Após 60 ratificações ou adesões adicionais à Convenção, a composição da Comissão aumentará em 6 membros, atingindo um número máximo de 18 membros.

3. Os membros da Comissão desempenham as suas funções a título pessoal, sendo pessoas de elevada autoridade moral e de reconhecida competência e experiência no campo abrangido pela presente Convenção. Ao nomearem os seus candidatos, os Estados Partes são convidados a considerar devidamente a disposição estabelecida no artigo 4.°, n.° 3, da presente Convenção.

4. Os membros da Comissão devem ser eleitos pelos Estados membros, sendo considerada a distribuição geográfica equitativa, a representação de diferentes formas de civilização e os principais sistemas jurídicos, a representação equilibrada de géneros e a participação de peritos com deficiência.

5. Os membros da Comissão são eleitos por voto secreto a partir de uma lista de pessoas nomeada pelos Estados Partes, de entre os seus nacionais, aquando de reuniões da Conferência dos Estados Partes. Nessas reuniões, em que o quórum é composto por dois terços dos Estados Partes, as pessoas eleitas para a Comissão são aquelas que obtiverem o maior número de votos e uma maioria absoluta de votos dos representantes dos Estados Partes presentes e votantes.

6. A eleição inicial tem lugar nos seis meses seguintes à data de entrada em vigor da presente Convenção. Pelo menos quatro meses antes da data de cada eleição, o Secretário-Geral das Nações Unidas remete uma carta aos Estados Partes a convidá-los a proporem os seus candidatos num prazo de dois meses. Em seguida, o Secretário-Geral elabora uma lista em ordem alfabética de todos os candidatos assim nomeados, indicando os Estados Partes que os nomearam, e submete-a aos Estados Partes na presente Convenção.

7. Os membros da Comissão são eleitos para um mandato de quatro anos. Apenas podem ser reeleitos uma vez. No entanto, o mandato de seis dos membros eleitos na primeira eleição termina ao fim de dois anos; imediatamente após a primeira eleição, os nomes destes seis membros são escolhidos aleatoriamente pelo Presidente da reunião conforme referido no n.° 5 do presente artigo.

8. A eleição dos seis membros adicionais da Comissão deve ter lugar por ocasião das eleições regulares, em conformidade com as disposições relevantes do presente artigo.

9. Se um membro da Comissão morrer ou renunciar ou declarar que por qualquer outro motivo, ele ou ela não pode continuar a desempenhar as suas funções, o Estado Parte que nomeou o membro designará outro perito que possua as qualificações e cumpra os requisitos estabelecidos nas disposições relevantes do presente artigo, para preencher a vaga até ao termo do mandato.

10. A Comissão estabelecerá as suas próprias regras de procedimento.

11. O Secretário-Geral das Nações Unidas disponibiliza o pessoal e instalações necessários para o desempenho efetivo das funções da Comissão ao abrigo da presente Convenção e convocará a sua primeira reunião.

12. Com a aprovação da Assembleia Geral das Nações Unidas, os membros da Comissão estabelecida ao abrigo da presente Convenção recebem emolumentos provenientes dos recursos das Nações Unidas segundo os termos e condições que a Assembleia determinar, tendo em consideração a importância das responsabilidades da Comissão.

13. Os membros da Comissão têm direito às facilidades, privilégios e imunidades concedidas aos peritos em missão para as Nações Unidas conforme consignado nas secções relevantes da Convenção sobre os Privilégios e Imunidades das Nações Unidas.

ARTIGO 35.º
Relatórios dos Estados Partes

1. Cada Estado Parte submete à Comissão, através do Secretário-Geral das Nações Unidas, um relatório detalhado das medidas adotadas para cumprir as suas obrigações decorrentes da presente Convenção e sobre o progresso alcançado a esse respeito, num prazo de dois anos após a entrada em vigor da presente Convenção para o Estado Parte interessado.

2. Posteriormente, os Estados Partes submetem relatórios subsequentes, pelo menos a cada quatro anos e sempre que a Comissão tal solicitar.

3. A Comissão decide as diretivas aplicáveis ao conteúdo dos relatórios.

4. Um Estado Parte que tenha submetido um relatório inicial detalhado à Comissão não necessita de repetir a informação anteriormente fornecida nos seus relatórios posteriores. Ao prepararem os relatórios para a Comissão, os Estados Partes são convidados a fazê-lo através de um processo aberto e transparente e a considerarem devida a disposição consignada no artigo 4.º, n.º 3, da presente Convenção.

5. Os relatórios podem indicar fatores e dificuldades que afetem o grau de cumprimento das obrigações decorrentes da presente Convenção.

ARTIGO 36.º
Apreciação dos relatórios

1. Cada relatório é examinado pela Comissão, que apresenta sugestões e recomendações de caráter geral sobre o relatório, conforme considere apropriado e deve transmiti-las ao Estado Parte interessado. O Estado Parte pode responder à Comissão com toda a informação que considere útil. A Comissão pode solicitar mais informação complementar aos Estados Partes relevantes para a implementação da presente Convenção.

2. Se um Estado Parte estiver significativamente atrasado na submissão de um relatório, a Comissão pode notificar o Estado Parte interessado da necessidade de examinar a aplicação da presente Convenção nesse mesmo Estado Parte, com base na informação fiável disponibilizada à Comissão, caso o relatório relevante não seja submetido dentro dos três meses seguintes à notificação. A Comissão convida o Estado Parte interessado a participar no referido exame. Caso o Estado Parte responda através da submissão do relatório relevante, aplicam-se as disposições do n.º 1 do presente artigo.

3. O Secretário-Geral das Nações Unidas disponibiliza os relatórios a todos os Estados Partes.

4. Os Estados Partes tornam os seus relatórios largamente disponíveis ao público nos seus próprios países e facilitam o acesso a sugestões e recomendações de caráter geral relativamente aos mesmos.

5. A Comissão transmite, conforme apropriado, às agências especializadas, fundos e programas das Nações Unidas e outros órgãos competentes, os relatórios dos Estados Partes de modo a tratar um pedido ou indicação de uma necessidade de aconselhamento ou assistência técnica neles constantes, acompanhados das observações e recomendações da Comissão, se as houver, sobre os referidos pedidos ou indicações.

ARTIGO 37.º
Cooperação entre Estados Partes e a Comissão

1. Cada Estado Parte coopera com a Comissão e apoia os seus membros no cumprimento do seu mandato.

2. Na sua relação com os Estados Partes, a Comissão tem em devida consideração as formas e meios de melhorar as capacidades nacionais para a aplicação da presente Convenção, incluindo através da cooperação internacional.

ARTIGO 38.º
Relação da Comissão com outros organismos

De modo a promover a efetiva aplicação da presente Convenção e a incentivar a cooperação internacional no âmbito abrangido pela presente Convenção:

a) As agências especializadas e outros órgãos das Nações Unidas têm direito a fazerem-se representar quando for considerada a implementação das disposições da presente Convenção que se enquadrem no âmbito do seu mandato. A Comissão pode convidar agências especializadas e outros organismos competentes, consoante considere relevante, para darem o seu parecer técnico sobre a implementação da Convenção nas áreas que se enquadrem no âmbito dos seus respetivos mandatos. A Comissão convida agências especializadas e outros órgãos das Nações Unidas, para submeterem relatórios sobre a aplicação da Convenção nas áreas que se enquadrem no âmbito das suas respetivas atividades;

b) A Comissão, no exercício do seu mandato, consulta, sempre que considere apropriado, outros organismos relevantes criados por tratados internacionais sobre direitos humanos, com vista a assegurar a consistência das suas respetivas diretivas para a apresentação de relatórios, sugestões e recomendações de caráter geral e evitar a duplicação e sobreposição no exercício das suas funções.

ARTIGO 39.º
Relatório da Comissão

A Comissão presta contas a cada dois anos à Assembleia Geral e ao Conselho Económico e Social sobre as suas atividades e poderá fazer sugestões e recomendações de caráter geral baseadas na análise dos relatórios e da informação recebida dos Estados Partes. Estas sugestões e recomendações de caráter geral devem constar do relatório da Comissão, acompanhadas das observações dos Estados Partes, se os houver.

ARTIGO 40.º
Conferência dos Estados Partes

1. Os Estados Partes reúnem-se regularmente numa Conferência dos Estados Partes de modo a considerar qualquer questão relativa à aplicação da presente Convenção.

2. Num prazo máximo de seis meses após a entrada em vigor da presente Convenção, o Secretário-Geral das Nações Unidas convoca a Conferência dos Estados Partes. As reuniões posteriores são convocadas pelo Secretário-Geral a cada dois anos ou mediante decisão da Conferência dos Estados Partes.

ARTIGO 41.º
Depositário

O Secretário-Geral das Nações Unidas é o depositário da presente Convenção.

ARTIGO 42.º
Assinatura

A presente Convenção estará aberta a assinatura de todos os Estados e das organizações de integração regional na Sede das Nações Unidas em Nova Iorque, a partir de 30 de março de 2007.

ARTIGO 43.º
Consentimento em estar vinculado

A presente Convenção está sujeita a ratificação pelos Estados signatários e a confirmação formal pelas organizações de integração regional signatárias. A Convenção está aberta à adesão de qualquer Estado ou organização de integração regional que não a tenha assinado.

ARTIGO 44.º
Organizações de integração regional

1. «Organização de integração regional» designa uma organização constituída por Estados soberanos de uma determinada região, para a qual os seus Estados membros transferiram a competência em matérias regidas pela presente Convenção. Estas organizações devem declarar, nos seus instrumentos de confirmação formal ou de adesão, o âmbito da sua competência relativamente às questões regidas pela presente Convenção. Subsequentemente, devem informar o depositário de qualquer alteração substancial no âmbito da sua competência.

2. As referências aos «Estados Partes» na presente Convenção aplicam-se às referidas organizações dentro dos limites das suas competências.

3. Para os fins do disposto nos artigos 45.º, n.º 1, e 47.º, n.ºs 2 e 3, da presente Convenção, qualquer instrumento depositado por uma organização de integração regional não será contabilizado.

4. As organizações de integração regional, em matérias da sua competência, podem exercer o seu direito de voto na Conferência dos Estados Partes, com um número de votos igual ao número dos seus Estados membros que sejam Partes na presente Convenção. Esta organização não exercerá o seu direito de voto se qualquer um dos seus Estados membros exercer o seu direito, e vice-versa.

ARTIGO 45.º
Entrada em vigor

1. A presente Convenção entra em vigor no 30.º dia após a data do depósito do 20.º instrumento de ratificação ou adesão.

2. Para cada Estado ou organização de integração regional que ratifique, a confirme formalmente ou adira à presente Convenção após o depósito do 20.º instrumento, a Convenção entrará em vigor no 30.º dia após o depósito do seu próprio instrumento.

ARTIGO 46.º
Reservas

1. Não são admitidas quaisquer reservas incompatíveis com o objeto e o fim da presente Convenção.

2. As reservas podem ser retiradas a qualquer momento.

ARTIGO 47.º
Revisão

1. Qualquer Estado Parte pode propor uma emenda à presente Convenção e submetê-la ao Secretário-Geral das Nações Unidas. O Secretário-Geral comunica quaisquer emendas propostas aos Estados Partes, solicitando que lhe seja transmitido se são a favor de uma conferência dos Estados Partes com vista a apreciar e votar as propostas. Se, dentro de quatro meses a partir da data dessa comunicação, pelo menos um terço dos Estados Partes forem favoráveis a essa conferência, o Secretário-Geral convoca-a sob os auspícios das Nações Unidas. Qualquer emenda adotada por uma maioria de dois terços dos Estados Partes presentes e votantes é submetida pelo Secretário-Geral à Assembleia Geral das Nações Unidas para aprovação e, em seguida, a todos os Estados Partes para aceitação.

2. Uma emenda adotada e aprovada em conformidade com o n.º 1 do presente artigo deve entrar em vigor no trigésimo dia após o número de instrumentos de aceitação depositados alcançar dois terços do número dos Estados Partes à data de adoção da emenda. Consequentemente, a emenda entra em vigor para qualquer Estado Parte no trigésimo dia após o depósito dos seus respetivos instrumentos de aceitação. A emenda apenas é vinculativa para aqueles Estados Partes que a tenham aceite.

3. Caso assim seja decidido pela Conferência dos Estados Partes por consenso, uma emenda adotada e aprovada em conformidade com o n.º 1 do presente artigo que se relacione exclusivamente com os artigos 34.º, 38.º, 39.º e 40.º entra em vigor para todos os Estados Partes no 30.º dia após o número de instrumentos de aceitação depositados alcançar os dois terços do número dos Estados Partes à data de adoção da emenda.

ARTIGO 48.º
Denúncia

Um Estado Parte pode denunciar a presente Convenção mediante notificação escrita ao Secretário-Geral das Nações Unidas. A denúncia produzirá efeitos um ano após a data de receção da notificação pelo Secretário-Geral.

ARTIGO 49.º
Formato acessível

O texto da presente Convenção será disponibilizado em formatos acessíveis.

ARTIGO 50.º
Textos autênticos

Os textos nas línguas árabe, chinesa, inglesa, francesa, russa e espanhola da presente Convenção são igualmente autênticos.

Em fé do que os plenipotenciários abaixo-assinados, estando devidamente autorizados para o efeito pelos seus respetivos Governos, assinaram a presente Convenção.

ÍNDICE

CAPÍTULO III – OS DIREITOS DAS PESSOAS SURDAS NA CONSTITUIÇÃO DA REPÚBLICA PORTUGUESA